超譯
몽테뉴의 말
에 세

超訳　モンテーニュ　中庸の教え

CHOUYAKU MONTAIGNE CHUUYOU NO OSHIE

Copyright ⓒ 2019 by Kei Ohtake

Original Japanese edition published by Discover 21, Inc., Tokyo, Japan

Korean edition published by arrangement with Discover 21, Inc. through Botong Agency

超譯

몽테뉴의 말

에 세

Les Essais

Michel de Montaigne

미셸 드 몽테뉴 지음
오타케 게이 엮음 | **김지낭** 옮김

samho MEDIA

'나 자신'이라는 세계를 재료 삼아
인간을 치열하게 응시하고 삶을 위로하다

몽테뉴는 1533년 프랑스 남서부 도르도뉴주의 생 미셸 드 몽테뉴 마을에서 태어났다. 보르도 근교에 자리한 이곳에는 몽테뉴가 태어난 곳이자 마지막 숨을 거둔 성이 있다. 널리 알려져 있듯이 보르도는 와인의 산지로 유명한 지역으로, 이 마을 역시 포도 향기로 가득한 평화롭고 한적한 곳이다.

몽테뉴가 태어나 활동한 16세기 프랑스는 역사상 최대의 혼란기였다고 해도 과언이 아니다. 전쟁이라고 하면 보통 타국과의 분쟁을 떠올리기 쉽지만, 국민에게 있어 더 큰 고통을 안기는 것은 내전이 아닐까 한다. 게다가 그것이 종교의 이름을 내건 분열과 정쟁이었으니, 당시의 프랑스 사회는 이루 말할 수 없는 대혼란에 휩싸였을 것이다.

'종교전쟁'이나 '성 바르톨로메오 축일의 학살'에 대해 들어본 적 있을 것이다. 내가 처음 이 학살 사건에 대해 알게 되었을 때 인간의 잔인무도함에 오싹했던 기억이 있다. 나라가 가톨릭과 개신교 세력으로 분열된 프랑스는 이어진 권력 투쟁으로 유례없는 무질서 속에 내던져졌다.

몽테뉴는 더없이 혼란했던 그 시대에 공직자로서 분투했다. 그가 어느 정도 힘겨운 싸움을 벌였는지 소개하고 싶지만 여기서는 생략한다. 다만 검을 들고 싸운 것이 아니라 중재를 위해 바쁘게 뛰어다녔다는 사실만 언급해 둔다.

몽테뉴가 사상가라고 일컬어지게 된 이유는 그가 학자여서가 아니라 『에세』라는 책을 남겼기 때문이다. 몽테뉴는 대사상가이자 모럴리스트Moralist의 시조라고도 불리지만, 확고한 사상 체계를 구축하지는 않았다. 그런 까닭에 그의 이름은 철학사 교과서에 등장하지 않는다. 그러나 파스칼Blaise Pascal, 루소Jean-Jacques Rousseau, 니체Friedrich Wilhelm Nietzsche를 비롯한 세계의 위대한 철학자들이 『에세』를 읽었다는 것은 주지의 사실이다. 모럴리스트가 무엇인지 설명하기에는 지면이 부족하므로 니체가 모럴리스트에 관해 평한 글을 짤막하게 소개한다.

"그들은 진실하며 위선이 없다."

"독일의 모든 형이상학자의 저서를 다 모아도 따라올 수 없는 현실적인 사상을 담고 있다."

"어리석음과 무기력, 허영에서 벗어나기 위해 모럴리스트의 책을 읽어야 한다."

몽테뉴가 대사상가가 '된' 것은 본인이 '되려고' 한 것이 아니라 후세의 우리가 '원했기' 때문이다. 실제로 몽테뉴는 다음과 같은 글을 남겼다.

"훗날 아무도 내 글(『에세』)을 읽지 않게 된다고 하더라도 나는 내 시간을 허비한 것이 아니다 Et quand personne ne me lira, ay-je perdu mon temps, (......) ?."

「거짓말하는 것에 관하여」라는 장에 실린 구절이다.

앞서 '공직자로서 분투'했다고 소개했는데 모럴리스트에게 발로 뛸 '현장'이 있었다는 점은 특필할 만하다. 대표적인 모럴리스트로는 라 로슈푸코 Francois de la Rochefoucauld 나 파스칼이 있는데, 그들 역시 각자의 현장에서 싸우며 살아남은 이들이다. 사랑을 하고 가정을 꾸렸으며, 소임을 완수하고 친구와 가족들의 죽음을 겪으면서(몽테뉴는 다섯 명의 어린 딸을 잃었다) 일생을 살아냈다. 요컨대 그들의 글은 펜이 아니라 '피와 살'로 쓴 것이다. 수백 년 후의 시대를 사는 우리가 모럴리스트의 숨결을 느낄 수 있는 것은 그들에게 삶의 현장이 있었기 때문이 아닐까.

한편 몽테뉴의 균형 감각은 '오로지 현장'에만 치중하지 않았다는 점에서도 드러난다. 그는 부름에 따라 현장에 나서기도 했지만, 자기 성찰의 시간을 중요하게 여겼고 성찰하는 장소에도 특유의 고집스러움을 보였다. 어떻게 보면 몹시 자기중심적이라고도 할 수 있겠지만, 그로 인해 후세에 전해질 메시지가 착실하게 다듬어졌다. 이러한 과정이 없었더라면 몽테뉴가 훗날 대사상가로 불리는 일은 없었을지도 모른다.

몽테뉴가 『에세』를 집필하며 사색한 주제로는 '죽음', '삶', '판단력', '덧없음(무상)', '무지', '자연' 등이 있다. 그리고 어떤 주제에 대해서도 답을 내리지 않는다. 그저 자기 생각을 떠오르는 대로 적었을 뿐이다. 그래서인지 그의 글은 우리에게 명령하거나 강요하지 않고 대개 시사점을 던지는 데 그친다. 이 또한 그의 매력 중 하나다.

몽테뉴는 결코 자신을 현실과 동떨어진 존재로 보지 않았고, 자기 자신을 적나라하게 드러냈다.

"나는 결혼과 맞지 않는다."

"결석은 몹시 고통스럽다."

"대머리가 뭐 대수란 말인가?"

"어떻게 죽어야 할지 모르겠다."

"즐겁지 않은 일은 하고 싶지 않다."

"고함을 지를 때도 있는 법이다." ⋯⋯.

이처럼 몽테뉴가 기록한 다양한 생각과 감정은 우리도 익히 경험하는 것들이다.

몽테뉴의 매력은 이뿐만이 아니다. 그의 탁월한 통찰력은 현대의 우리가 맞닥뜨린 문제를 예견하고 있다. 가장 대표적인 문제인 '다양성'과 '지식(정보)'에 관해서 몽테뉴는 다음과 같이 이야기한다.

"다양성으로 따지면 나라는 존재가 가장 다양(일정하지 않음)하지 않은가?"

"지식에 휘둘리지 마라! 지식을 활용할 수 없다면 차라리 버리는
게 낫다."

'중용'에 대한 사색 또한 그가 가진 뛰어난 균형 감각의 산물
이다.

"단정하지 않는다. 그저 나는 그렇게 생각할 뿐이다."

"덕德은 절벽 꼭대기에 세우는 것이 아니다."

"예순의 나이에도 배우는 자세로 살고 싶다." …….

이와 같은 문장에서 몽테뉴의 품격을 엿볼 수 있다.

『에세』라는 제목은 프랑스어 원제 『Les Essais』를 그대로 발음한
것으로 'essai'는 '시험', '시도'라는 뜻이다. 영어로 통용되는 글쓰기
형식 '에세이essay'가 여기에서 유래했다. 에세이의 동의어로는 '수
필隨筆(일정한 형식을 따르지 않고 인생이나 자연, 일상생활에서의 느낌이나
체험을 생각나는 대로 쓴 산문)'이 있다.

'마음속에 떠오르는 자질구레한 일들'을 '그저 손 가는 대로' 적

은 『에세』의 가장 큰 매력이자 중심 주제는 '나'이다. 그야말로 '나를 찾고자 하는' 우리에게 수백 년도 전부터 따뜻한 응원을 보내고 있는 셈이다.

"있는 그대로의 모습이란 무엇인가?"
"자신이 무지하다는 사실을 깨끗이 인정하자."
"진정 흔들리지 않는 내가 존재하는가?" …….

『에세』는 현대인의 마음에 깊은 울림과 담담한 위로를 전한다. 나보다 타인의 눈을 더 신경 쓰는 현대인에게 필요한 메시지를 곳곳에서 발견할 수 있다.

"타인의 눈으로 나를 볼 수 있는가?"
"이름을 남기는 것보다 삶이 더 중요하다."
"결과는 아무래도 좋다." …….

그럼 장황한 이야기는 이쯤에서 마치고 마지막으로 프랑스의 문학가 포르튀나 스트로프스키Fortunat Strowski(1866~1952)가 소개한

『에세』를 읽는 법을 소개한다.

"곧이곧대로 읽으려 하지 말고 『에세』와 대화하라. 반복해서 펼치고 닫는 사이에 몽테뉴의 생각과 당신의 생각이 하나가 될 것이다."

자, 이제 몽테뉴와 함께 멋진 여행을 떠나 보자.
Bon voyage!

오타케 게이

CONTENTS

I
자신에 관하여

II
인생에 관하여

Ⅲ
행복에 관하여

IV
성실함에 관하여

V
판단력에 관하여

VI
배움에 관하여

VII
덧없음에 관하여

VIII
죽음에 관하여

I

자신에 관하여

MICHEL DE MONTAIGNE

우리는 무엇도 감추지 않고
어떤 일도 한탄스러워할 필요 없이.
그저 당당하고 솔직하게 자신을 드러내면 된다.

. . .

001
자기 생각을
꾸밈없이 꺼내라

　　내 생각을 입 밖으로 꺼내기가 주저되는가? 망설여지는가? 그 이유는 아마도 자신이 없기 때문일 테다. 그 마음을 잘 안다. 나 역시 내 능력이 미덥지 않으며, 자신 있게 의견을 피력하는 일도 흔치 않다. 솔직히 말하면 나는 능력이 뛰어난 편이 아니다.

하지만 그래도 괜찮다. 나는 내 생각을 있는 그대로 한치의 꾸밈없이 꺼내 놓는다. 다른 이의 의견에 비해 허점투성이로 보일지언정 억지로 포장하려 하지 않는다.

결점은 부끄러운 것이 아니다. 오히려 포장하는 것을 부끄럽게 여겨야 한다. 그래야 비로소 나다운 생각을 인정할 수 있다.

002
이대로
충분하다

어느 화가가 내 초상화를 그려 주었다. 화폭에는 듬성듬성한 머리숱의 백발이 성성한 남자가 있었다. 나는 만족스러웠다. 저것이 바로 내 모습이기에. 벗겨진 머리도, 흰머리도, 주름진 얼굴도 다름 아닌 나 자신이다. 초상화를 보며 한탄은커녕 '드디어 나도 여기에 이르렀구나.'라며 기쁨을 느꼈다.

외양뿐 아니라 생각과 견해도 마찬가지다. 내 생각이 타인의 것보다 보잘것없이 여겨져도 그것이 내가 품은 생각이다. 내 생각은 내가 믿는 것이기에 다른 누가 믿든, 믿지 않든 개의치 않는다.

우리는 무엇도 감추지 않고, 어떤 일도 한탄스러워할 필요 없이, 그저 당당하고 솔직하게 자신을 드러내면 된다. 그것으로 충분하다.

003
'흔들리지 않는 나'란
없다

당신은 '흔들림 없는 자신'을 본 적이 있는가? 언제 어디서나 확고하고 변하지 않는 모습을 가지고 있다면 누구라도 좋으니 나에게 보여 주었으면 한다. 왜냐하면 그런 것은 애당초 존재하지 않기 때문이다.

그저 내가 그랬듯이 자기 자신을 찬찬히, 주의 깊게 들여다보면 좋겠다. 그럼 자신이 얼마나 불확실하고 어리석은 존재인지 알게 될 테니. 그리고 그런 인식에서 벗어나는 것은 나라는 존재를 벗어나야만 가능함을 알게 될 것이다. 불가능하단 이야기다.

우리는 단지 그 사실을 깨닫기만 하면 된다.

004
나 자신을
즐기기로 했다

결국 우리를 방해하는 것은 우리 자신이다. 당신은 이상을 추구하며 가는 곳마다 스스로에 대한 불만을 토로하고 있지는 않은가? 그것은 제 손으로 자신을 계속 밀어내는 행위나 다름없다.

'가진 것에 만족하라.'라는 격언은 매우 유익하고 단순하다. 하지만 나처럼 자꾸 흔들리는 사람이 실천하기란 쉽지 않다. 또한 나보다 똑똑한 사람들에게도 몹시 어려운 일인지, 그들도 이를 지키리라 다짐하면서도 온전히 실천하지 못하는 듯하다.

그래서 나는 내 기질인 흔들림과 불확실성을 즐기기로 했다. 당신도 함께하면 어떨까.

005
나는 특별한 사람이
아니다

당신은 어떤 일에도 끄떡없는 사람이 되고 싶은가? 황금빛으로 빛나는 특별한 존재로 자신을 만들려고 하는가? 나는 그저 보통의 사람이다. 예민하고 상처받기 쉬우며 못마땅한 일이 계속되면 울적해지는, 어디에서나 볼 수 있는 평범한 사람이다. 이것도 좋다고 나는 생각한다. 사람이 항상 웃는 얼굴로 있을 수만은 없는 법이니까.

자, 그렇다면 불쾌하고 불편한 일이 이어질 때 당신이라면 어떻게 하겠는가? 나는 그런 곳에 머무르지 않고 속히 다른 곳으로 가고자 한다. 나는 어떤 특정한 곳에서밖에 머물 수 없는 특별한 존재가 아니라, 어디에서나 살 수 있는 평범한 사람이므로.

006
나를 불완전한 채로
둔다

완벽을 추구하며 스스로 그리 되려는 생각은 하지 않는 편이 좋다. 이상적인 완벽을 좇다 보면 언젠가 내 것이 아닌 남의 것으로 살아야 할 때가 온다. 빚은 짐이 될 뿐이다. 그 짐이 무거울수록 제힘을 발휘하기 힘들어진다. 그렇기에 우리 자신을 불완전한 채로 두는 편이 낫다.

나는 그런 불완전한 나와 약속한다. 약속이란 대개 자기 자신과 하는 것이다. 다른 누구와도 할 수는 있으나, 반드시 지켜야 할 것은 다름 아닌 자신과 한 약속이다. 타인과의 약속은 속박이지만, 자신과의 약속은 자유이기 때문이다.

나는, 나 자신과의 약속을 어길 바에는 차라리 법을 어기고 감옥을 부수는 편을 택하겠다.

007
진정한 가치는
의지에 있다

　　　인간의 가치가 어디에서 비롯된다고 생각하는가? 생
각하는 힘인가 아니면 이성인가? 그것들 역시 가치를 결정하
는 중요한 요소겠지만, 진정한 가치는 의지에 있다.
사회적 지위나 가문 혹은 재산에 의지가 깃들 리 있을까? 갑
옷과 검에 의지가 있을 수 있을까? 아무리 값비싼 보석이라
도 거기에서 의지를 찾을 수는 없다.
이 순간 우리는 불운 속에 있을지도 모른다. 그러나 지금이
기회다. 인간의 진정한 가치, 의지는 불행과 역경 속에서 발
현된다. 지금이야말로 자신에 대한 확신을 조금도 내려놓지
말고, 오히려 그 '행운'을 두 손으로 받아 들고, 웃는 얼굴로
기꺼이 살아가자.

008
한 발 후퇴도
전진이다

나는 다른 사람의 본보기가 될 만한 인물이 아니다. 스스로 우수하다고 생각한 적은 단 한 번도 없다. 내 친구들에게 물어본다면, 내가 얼마나 자기류를 고집하는 인간인지 몇 시간이고 이야기할 것이다.

그런 나이기에 늘 앞으로만 나아갈 수는 없다. 종종 뒤로 물러서기도 하는데, 나에게는 뒤로 한 발짝 물러나는 것도 전진이다.

후퇴란 걸어온 길을 수정하는 일이라고 생각하는가? 그렇지 않다. 나는 내가 걸어온 길을 결코 수정하지 않는다. 만약 『에세』를 고쳐 써야 한다면 나는 같은 분량의 『에세』를 새로 쓰는 쪽을 택할 것이다.

009
중용이란
무리하지 않는 것이다

'중용中庸'이라는 말을 들어봤을 것이다. 그럼 중용을 무어라고 설명할 수 있을까?

중용에는 여러 측면이 있다. 우선 중용은 무리하지 않는 것이다. 자신에게 어울리는 일을 하는 것도 중용이다. 젊은 시절의 체력과 기력, 외모를 유지하려 함은 지나친 바람이다.

자연의 것이 중용이다. 자연에 없는 것을 바라는 일은 이치에 어긋난다. 울고 싶은데 억지로 웃지 않아도 된다. 육체의 쇠퇴는 한탄할 일이 아니다. 감기에 걸렸는데 마냥 웃고 있을 수도 없다.

중용은 정신의 평온이기도 하다. 나는 나에게 맞는 속도로 달리며, 그 속도는 '천천히 달리는 것'이다. 이 또한 중용일 테다.

010
찾는 것은
내 안에 있다

무언가가 부족하다고 생각한 적이 있는가? 그 구멍을 메우려고 애쓴 적이 있는가?

그럴 때도 있을 것이다. 자기 내면이 어떠한지 모르기에 바깥에서 찾으려는 것이다. 하지만 찾는 것은 우리 안에 있다. 죽마에 올라타 높이 선들 무슨 소용이 있는가. 죽마에 오르더라도 그것을 움직이며 걸어야 하는 것은 나의 다리가 아니던가. 권위를 과시하기 위해 높은 옥좌에 앉은들 우리는 여전히 나 자신의 엉덩이로 앉아 있을 뿐이다.

나라는 존재를 즐길 수 있을 때 우리는 신처럼 무결하다고 말할 수 있다.

011
변하지 않는
나란 없다

언제나 변함없는, 확고한 나 자신으로 있기를 바라는가? 오히려 그 같은 마음이 당신의 성장을 방해하고 있는지도 모른다. 나는 불확실한 채로 놓아 두기로 했다. 답이 아니라 의문인 상태로 두는 것, 분명한 앎이 아니라 무지無知라는 본연의 상태에 몸을 내맡긴다.

우리는 분수에 맞지 않는 고상한 것들을 상상하곤 한다. 이는 경마장에서 전력 질주하는 경주마를 보며 그 말의 전부를 안다고 속단하는 것과 같다. 풀을 뜯는 시간, 마구간에서 쉬는 시간도 말의 역량을 이루는 요소다. 말은 경주하는 순간만 존재하는 게 아니다.

당신도 다양한 모습으로 변할 테다. 그중에는 나태한 모습이나 인정하기 싫은 모습도 있으리라. 그러나 고급인 것도, 저급인 것도 모두 당신 자신이다.

012
자신을
드러내라

우리 모두에게는 똑같이 주어진 재능이 있다. 그중 하나가 자신을 드러내는 힘이다. 나는 학문에 매달리지 않는다. 학문이란 나 자신에게 몰입하기 위한 수단이다. 나는 남을 가르치지 않는다. 나 자신을 가르친다.

그런데 대다수의 사람이 자신이 가진 힘을 깨닫지 못하는 것은 어찌 된 일일까? 당신은 어떤가? 그 힘을 제대로 발휘하고 있는가? '어리석은 실패를 피하려고' 혹은 '손해를 보지 않으려고'라는 말로 타인의 시선을 신경 쓰며 그 천부적인 힘을 묻어 두고만 있지는 않은가?

013
흔들림이야말로
나 자신이다

자신의 결점을 외면하는 것은 오히려 그 결점으로 향하게 한다. 그래서 나는 내 결점을 인정하고 함께 살아가기로 했다. 내 정신의 발걸음은 정처 없이 헤매며 한곳에 정착하지 않는다. 내 정신의 얼굴은 종잡을 수 없이 변화하며 같은 표정을 짓는 법이 없다.

자기 내면의 흔들림을 묘사하기란 어려운 일이지만, 무척 의미 있는 일이다. 만약 이것이 어렵게 느껴진다면 흔들림을 인정하지 않으려 해서일 것이다.

흔들리는 모습을 마음에 드는 것만 고르거나 거부하지 말라. 결점이든, 질병이든, 습관이든, 그것을 누가 어떻게 평가하든 정성스럽게 묘사해 보자.

우리는 흔들린다. 그 흔들림이야말로 나 자신이다.

014
자만심에
사로잡히는 원인

자만심에 빠지는 데는 원인이 있다. 자기 자신과 표면적으로만 교류하고 있다는 게 그것이다. 자만에 사로잡힌 사람들은 자신과의 관계를 통해 더 기고만장해진다. 진짜 모습과는 무관한, 마치 제삼자의 눈으로 보기에 환상적인 자아를 만들어 낸다.

만약 당신의 내면에서 자만심을 발견한다면 자신에게 이렇게 말해 주자. "남을 내려다보는 그 시선을 조금만 위로 올려 보라. 나는 발끝에도 미치지 못하는, 나를 짓밟을 수 있을 만한 인물이 수천수만 명은 있을 테니까."

015
상황을 바꿀 수 없다면
내가 바뀌어야 한다

역경에 처했을 때 당신은 어떻게 행동하는가? 어려운 처지에 놓이거나 위험한 상황에 처하면, 우리는 어떻게든 그곳에서 벗어날 생각부터 하기 마련이다.

나는 그런 상황에 놓여도 도망치는 데 마음을 두지 않으려고 노력한다. 이미 일어난 일은 바꿀 수 없기 때문이다. 바꿀 수 있는 것은 단 하나, 나 자신뿐이다.

주어진 운명을 피하거나, 떨쳐내거나, 밀어낼 수 있는 힘이 내게는 없다. 힘겨운 상황을 계속 견뎌낼 힘도 없다. 상황이 나에게 맞춰 주는 일도 없다. 그렇다면 내가 상황에 순응해야 하지 않겠는가.

016
자신을 믿어야만
발전할 수 있다

당신은 당신 자신을 믿는가? 나는 남들의 신뢰를 얻을 만한 권위나 실적은 없지만, 나 자신을 믿는다. 그래서 날마다 새로운 것을 배울 수 있다. 그렇게 나는 매일 변화한다. 내일의 당신은 오늘의 당신이 아니다. 나날이 변화하는 당신이기에 자신을 믿을 수 있지 않을까?

017
자연이라는
거울에 비춘다

　　나라는 존재를 제대로 알기 위해서는 내 모습을 거울에 바르게 비추어 보아야 한다. 그 거울은 자연이다. 인간이 만든 거울은 우리의 모습을 왜곡시킬 것이다. 반면에 자연은 언제나 정확하다.

지금 세상에는 수없이 많은 관점과 견해, 관습이 있고 그 모든 것에는 제각각 그럴싸한 이유가 붙는다. 그 속에서 우리는 올바른 판단을 내려야 하나, 그 판단은 결코 완벽할 수 없다. 늘 불완전하기 마련이다. 이때 '바른길'을 알려 주는 것이 자연이다. 자연은 우리의 안내자가 되기도 한다.

018
성격 혹은 성향이라는 틀에
자신을 가두지 마라

우리는 종종 "당신은 어떤 성격인가요?"라는 질문을 받는다. 궁금해하는 마음은 이해가 되나, 성격이나 성향이라는 틀에 나 자신을 가둬서는 안 된다. 그 때문에 스스로 변화를 거부하게 되고, 자칫 인생을 허투루 보낼 수도 있음을 기억하자.

어느 한 가지 삶의 방식을 고수하거나 자신의 신조에 강하게 집착하는 사람이 있다. 하지만 우리가 지닌 근본적인 힘은 변화에 적응하는 데 있다. 다양한 일에 유연하게 반응할 수 있는 사람이야말로 진정 살아있다고 말할 수 있지 않을까?

인생은 불규칙하게 흐르는 법이다. 만약 자신의 성격이나 성향이라는 것에 얽매인다면, 자신의 인생에 온전히 부응하지 못할 것이다.

019
수많은 나의 모습 중
일면일 뿐이다

'이 멍청이!' 나는 나 자신을 향해 이렇게 외치지 않는 날이 없다. 당신은 누군가에게 '바보, 멍청이'라는 핀잔을 들은 적이 있는가? 혹은 스스로 바보라고 생각한 적은 없는가? 아랫사람을 꾸짖을 때 나는 진심으로 불호령을 내린다. 보여주기식이 아니라 큰소리로 "이런 바보 같으니!"라고 야단친다. 다만 거기까지다. 상황이 일단락되면 그 같은 멸칭을 그 사람에게 붙여 두지 않는다. 잘못을 짚고 꾸짖은 후에는 "자네는 잘하고 있어." 하고 격려하기도 한다.

이는 나 자신에게도 마찬가지다. '멍청이'는 수많은 나의 모습 중 일면일 뿐이다. 그것이 나의 정의가 될 수는 없다.

020
이웃을 바라보듯이
자신을 관찰한다

나는 한 명의 이웃을 바라보듯이 나 자신을 고찰한다. 한 그루의 나무를 관찰하듯 거리를 두고 세심히 살핀다. 이것이 어려울 만큼 나 자신을 사랑하지 않으며, 스스로를 옭아매지도 않는다. 나에게 과도하게 집착하지 않는다. 너무 괴리된 나머지 나 자신을 보지 못하게 되는 일도 없다.

당신도 자신을 관찰해 보자. 과연 당신은 어떤 자신을 인정하게 될까? 다만 이것만은 조심하자. 자신에 대해 본 것 이상을 말하는 것도, 보지 못한 사실을 언급하는 것도 모두 자신을 향한 모독이 된다는 것을.

021
타인에게 나를
내주지 마라

대부분의 사람이 아무런 대가 없이 남에게 자기 재산을 주지는 않을 것이다. 그런데 타인에게 지배당하는 것에 대해서는 딱히 불평하지 않는 듯하다. 왜 그럴까?

그들은 자기 일을 하는 것이 아니라 다른 사람의 평가를 위해 일을 한다. 자기 재능을 자신을 위해 쓰지 않는다. 그들이 복종하는, 나 아닌 다른 무언가에 자신을 빌려 주고 있다. 자신을 내주고 완전히 지배당한 사람들을 보라. 그들은 스스로를 위해 일하는 것이 아니라, 일을 위해 일한다. 안절부절못하고 항시 부산하게 돌아다닌다.

당신 주변에도 그런 사람들이 있지 않은가? 그들은 움직이지 않으면 당장이라도 죽을 듯이 행동한다. 그도 그럴 것이라 나는 생각한다. 나의 주인은 나 자신이어야 하는데, 그것을 바깥에서 찾고 있으니 말이다.

022
자신으로부터
한번 멀어져 보자

휴식과 환기를 위해 여행을 다녀오고도 삶이 별반 나아진 게 없다고 투덜대는 이에게, 그리스의 철학자 소크라테스는 이렇게 말했다. "그야 그럴 수밖에. 자네는 여행에 자신을 함께 데리고 갔으니 말이야."

자신을 사슬로 묶어 어디든 끌고 다니는 사람들이 있다. 그런 이들에게는 일상의 장소를 벗어나는 것이 별 도움이 되지 않는다. 자기 본래의 모습에서 벗어나 보는 것이 중요하다.

당신이 만약 막막한 근심을 안고 있거나 무언가로 힘들다면 지금이 바로 기회다. 나라는 존재를 한 번쯤 떼어내고 바라보자. 자신의 모습을 관찰하고, 자신의 움직임을 기록해 보자. 그리고 난 뒤 자신을 되찾으면 된다.

023
나에게 최대한
낮은 가격을 매긴다

　　나는 애당초 나 자신에게 최대한 낮은 가격을 매기려
고 애썼다. 그래서 지위나 훈장을 받든, 받지 않든 나의 가치
는 변하지 않는다.

내 만족을 채우기 위해 좋은 일을 한 것이기에 세상 사람들
에게 칭찬받지 못해도 아무 문제가 없다. 세상의 기준에 어긋
나는 판단을 했다고 해서 마음이 요동치는 일도, 세상의 시
류에 좌우되는 일도 전혀 없다. 비난을 받을지라도 애초에 나
자신을 낮게 평가했으므로 약간의 인내심만 가진다면 대처
하는 데 어려움이 없다.

이 같은 사고방식 덕에 내 인생은 꽤 순조롭게 흘러가고 있는
게 아닐까 한다. 자, 당신은 스스로 얼마의 값을 매기고 있는
가?

024
스스로를
해치지 마라

통풍에 걸린 한 남자가 말했다. "발작이 일어날 때마다 나는 소시지와 햄과 소 혓바닥을 저주한다네. 그러면 조금은 속이 후련해지거든."

이 남자를 비웃어서는 안 된다. 우리의 영혼이란 그런 것이니까. 우리 영혼은 붙잡을 대상을 내주지 않으면, 막무가내로 무엇에든 매달리려 한다. 엉뚱하고 거짓된 대상을 만들어 화살을 돌린다.

이런 식으로 우리는 자기 자신을 다치게 한다. 분노와 고통 속에서 휘두른 주먹은 반드시 목표를 벗어나 딱딱한 것에 부딪힐 것이다. 아픈 것은 누구겠는가? 바로 나 자신이다.

자, 이렇게 당신은 영혼의 본질을 알게 되었다. 그렇다면 이제 어떻게 하겠는가? 이 물음은 내가 건네는 선물이다. 매일 자기 자신에게 묻다 보면 당신의 나날은 분명 달라질 것이다.

025
나 자신을
주제로 삼는다는 것

누군가는 나를 두고 이리 충고할지 모른다. "저 자신을 주제로 삼아 글을 쓴다면, 그건 본인이 희대의 유명한 인물일 때 가당한 일일 거야. 위대한 업적을 이룬 인물이어야 대중의 호기심을 불러일으키지 않겠는가."

맞는 말이다. 창밖을 지나는 평범하기 그지없는 사람을 보기 위해 집안일을 멈추고 고개를 드는 사람은 없을 것이다. 가게도, 일도 만사 제쳐 두고 누군가가 궁금한 이유는 그 사람이 유명인이기 때문이다. 이리 생각하면 자신을 널리 알려도 되는 것은 타의 모범이 되는 인물에 한정될 수 있겠다.

뭐, 일리 있는 말이다. 다만 나와는 상관없다. 나는 교회나 광장에 세울 훌륭한 동상을 구상하는 게 아니다. 나는 서재 한구석에서 내 가족과 친구 그리고 이웃과 즐기고 기쁨을 나누기 위해 나를 소재 삼아 글을 쓴다.

026
온당한
자기애

　　자신을 실제 가치보다 높게 평가하는 것도, 낮게 평가하는 것도 나는 좋아하지 않는다. 둘 다 분별력이 결여된 자기애다.

온당한 자기애도 있다. 나를 예로 들어보면, 내 말투는 그다지 세련되지 않고 투박한 편이다. 굳이 말하자면 거침없는 말투를 쓴다. 그것이 내 기질에 어울린다. 그렇다고 해서 나의 가치가 낮아지는 건 아니다. 문체 역시 산만하며 고상하지도 않다. 키는 평균보다 작다. 물론 남들이 부러워할 만한 점도 가지고 있을 테다.

어찌 되었든 이 요소들은 완전히 나의 것이 되었다. 완전히 녹아들어 나라는 사람을 형성한다. 그렇기에 나를 이루는 정당한 가치의 재료가 되는 것이 아닐까.

027
자기 이미지라는 것은
갖지 않는 편이 좋다

혹자는 나에게 이렇게 말할 수도 있겠다. "그래도 당신은 꽤나 확고한 자기상을 가지고 있군요."

사실 전혀 그렇지 않다. 나는 나 자신을 소유하고 있지 않으며, 완벽히 통제하고 있지도 않다. 오히려 그 반대다.

나 자신을 찾고자 한 곳에서 나를 발견한 적은 한 번도 없다.

정작 자신을 발견하는 것은 우연한 만남에서다.

'나라는 인간은 이러하다.'라는 자기 이미지 따위는 가지지 않는 편이 좋다. 내가 어떤 사람인지 설명할 필요도 없다. 우리가 어떤 사람인지는 우리가 우연히 처한 상황에 따라 달라지기 마련이므로.

028
사상은 유익하고
편안하면 된다

길바닥에 앉아 바구니 짜는 일을 비천하다며 깔보는 사람들이 있다. 그들은 권력이나 영향력을 원하는 것일까? 그런 사람들의 고상한 언변이야말로 저속하다.

내가 살림살이에 능란하지 않다며 '농기구를 사용하는 법, 포도주 만드는 법, 정원수 관리하는 법, 식용 풀이나 과일나무의 이름과 모양, 음식의 이름과 조리법, 복식의 명칭과 가격에 관심을 가져야 한다'고 강변하는 사람들이 있다. 이는 나를 몹시 괴롭게 한다. 나에게 그런 지식은 거추장스러울 뿐이다.

사상을 이용해 탑을 세우고 높은 곳에서 세속을 내려다보려는 야망은 추호도 없다. 나에게 사상은 겸손하고 유익하며 편안한 것이면 된다. 그것이야말로 참되고 건전한 사상이다.

029
재산이나 지위는
판단의 근거가 되지 않는다

통풍 발작이 일어났을 때 군주라는 지위나 으리으리한 궁전, 재산과 명예가 다 무슨 소용이 있으랴. 아무리 금은 보화로 몸을 치장해도 마지막 순간에는 아무 도움이 되지 않는다. 대부호라 할지라도 고통이 완화되거나 통증으로 이를 악물지 않게 되는 것은 아니다.

사람의 품격은 속임수나 위장이 통하지 않는 상황에서 드러난다. 말을 칭찬하는 것은 마구가 화려해서가 아니며, 개를 칭찬하는 데 목줄은 이유가 되지 않는다. 우리도 마찬가지다. 그런데 왜 사람만은 지위나 벼슬, 입은 옷을 보고 판단하려고 하는지 나로서는 도무지 이해할 수 없다.

II

인생에 관하여

MICHEL DE MONTAIGNE

영혼의 위대함이란 높은 곳을 지향하는 데 있지 아니하고
앞으로 나아가는 데 있지도 않다.
그것은 스스로를 정돈하고 절제하는 법을 아는 데 있다.

· · ·

030
앞이 보이지 않아도
괜찮다

앞으로 뭐가 되고 싶은가. 이런 어리석은 질문은 하지 말자. 여기까지 나는 더듬더듬 길을 찾으며 걸어왔다. 누군가는 내가 위업을 이루었다 말할지 모르지만, 애초에 나는 대단한 일을 하려는 생각이 없었다. 부딪치고 비틀거리고 넘어지면서 그저 여기까지 왔다.

무언가가 된다는 것은 한참을 걷고 나서야 비로소 알 수 있다. 그리고 여기까지 오며 체감한 것을 당신에게 전한다. 우리가 앞으로 어느 지점에 닿더라도 그곳은 결코 목적지가 될 수 없다. 어딘가에 도달하면 또 다른 무언가가 보일 것이다. 하물며 보인다 해도 그것은 안개에 휩싸인 듯 희미해서 분명히 알아볼 수 없다. 단지 그곳에 무언가가 있다는 것은 확실하다. 그래서 나는 또 걷기 시작한다. 자, 당신도 다시 걸어보자. 넘어져도 괜찮다. 당신의 손과 발에 의지한다면 결코 크게 다치지 않을 것이다.

031
믿어야 할 것은
오직 나 자신

막다른 길에 몰린 적이 있는가? 그 절박한 순간 의지할 수 있는 것은 오직 '자신'뿐이다. 남이 정한 기준, 누군가가 먼저 한 선택, 세상의 규범 따위는 그저 보조적인 수단에 불과하다.

이렇게 반론할 수도 있겠다. '나 자신도 미덥지 않은데…….' 물론 우리의 행동은 그때그때 바뀌며 일관되지 않다. 하지만 그 불확실성이야말로 우리의 본질이다. 불확실한 성질에 억지로 맞추려다 보니 규범, 규칙이라는 것은 더 복잡하고 기괴해진다. 계약서나 법률이 얼마나 모호한지 우리는 익히 경험하지 않았는가. 인간의 불확실성을 정형화하려고 하지 말라. 그에 비해 자연의 규칙은 얼마나 간명한가. 그중에서도 가장 단순한 규칙이 바로 '나 자신'이다.

032
하루의 끝이
여행의 끝이 되도록

앞날이 예정된 삶이 부러운가? 인생은 계획대로 흘러가지 않는다. 우리에게 주어진 목표는 대체 누가 정한 것일까? 그 목표를 누구보다 빨리 이루고자 필사적으로, 쉼 없이 달리는 인생은 과연 어떤 의미가 있을까?

여행하듯이 살아가자. 하루하루를 찬찬히, 무리하지 말고 충실히 나아가자. 목표가 너무 멀게 느껴진다면 그만두어도 좋다. 서두를 수 있을 때는 서두르되, 진창길에서는 발걸음 조금 늦추자. 그리고 어떤 순간에도 뜬구름 같은 희망에 기대지 말자. 이것이 중요하다.

나는 하루의 끝이 여행의 끝이 되도록 노력한다. 나의 두 발로 걸었으니 어떤 하루가 되더라도 만족한다. 인생이란 하루하루의 연속이다.

033
천천히
서두를 수 있는 사람

　　내 좌우명은 '천천히 서두르자.'이다. 마음먹었을 때 바로 실행해야 후회가 없다고 흔히 말하지만, 나는 그 말을 믿지 않는다. 당장 시작하지 않아도 괜찮다. 단, 일단 걷기 시작했다면 끝까지 완주한다. 무리하지 말고 한 발 한 발 제대로 내디딘다.

당신도 '천천히 서둘러 봄'이 어떤가? 나에게 맞는 속도는 내 몸이 알고 있다. 느리든, 빠르든 다른 이의 속도에 맞출 필요는 없다. 목이 마르면 물을 마시고 배가 고프면 밥을 먹자. 조급해하지 않는 것이 중요하다.

강물의 흐름이 변했을 때는 멈추면 된다. 급류를 만나 앞으로 나아갈 수 없다면 되돌아가자. 천천히 서두를 수 있는 사람에게는 하루하루가 '실행하기 좋을 때'다.

034
인생은 기쁨으로
가득 차 있다

"인간은 죄 많은 존재다." 학자 행세를 하는 사이비들은 이런 말로 당신을 옭아매려 한다. '자기 자신에 대한 혐오가 그 증거'라며 당신을 깎아내리려 할지도 모른다. 심지어 '그런 인간은 당장 이 세상을 떠나야 한다'며 압력을 가하기도 한다.

그런 말에 귀 기울이지 말자. 그들의 말은 고통과 슬픔으로 가득 차 있지만, 그것이 당신의 고통이나 슬픔이 될 수는 없다. 거짓 학자들의 말은 무책임하고 이기적이다. 그들은 당신의 상처를 이용해 저들의 입맛에 맞게 우리를 조종하려는 것뿐이다.

인생은 기쁨으로 가득하다. 이것이 내가 알려주고 싶은 진실이다. 자, 슬그머니 얼굴을 내민 기쁨이 당신의 눈에도 보이지 않는가?

035
무리하지
않는다

인생이 무어라고 생각하는가. 이름을 남기는 것? 시대를 이끄는 것? 사람들에게 칭송받는 것?

나는 내 생을 이렇게 평가받고 싶다.

'몽테뉴는 아무것도 이루지 않았고, 아무것도 파괴하지 않았다.'라고. 나는 무리해서 좋은 일을 하지도 않고 억지로 나쁜 일을 하지도 않는다.

우리는 자신이 할 수 없는 무리한 것에 집착하고 얽매이고는 한다. 무리하지 않고 살 수 있다는 것, 그것만으로도 얼마나 감사한 일인가.

036
어떤 인생도
부족함 없이 완전하다

인생에 무엇이 필요하다고 생각하는가. 일인가? 아니면 집? 직위? 명성? 수입인가?

우리 삶은 너무도 복잡해져 버렸다. 사실 우리 인생에 필요한 것은 단 하나다. 우리는 이미 그것을 가지고 있다. 바로 우리 자신이다. 나 자신만 잃지 않는다면 그것으로 족하다. 그러면 내 인생과 내가 완벽히 어우러지지 않겠는가.

부족한 것은 하나도 없다. 어떤 인생도 부족함 없이 완전하다.

037
'어쩔 수 없이'
하지 않는다

무언가를 강요받는 것을 좋아하는 사람이 있을까? 일단 나는 불쾌하다. 나는 '어쩔 수 없이', '마지못해' 무언가를 하지 않으려고 노력한다.

'어쩔 수 없이'라는 말은 한계를 정하기 위해 미리 그어 둔 선임을 당신도 알 것이다. 나는 직선이든, 곡선이든 미리 정해진 선을 그어 놓지 않는다. 여행을 예로 들면, 오른쪽으로 갈 수 없을 때는 왼쪽으로 가면 된다. 걸을 수 없는 몸 상태라면 쉬었다 간다. 못 본 것이 있다면 되돌아가도 좋다.

미리 정해진 코스를 따라가기만 하는 여행에 만족할 수 있을까? 목적지에서 벗어나면 어떤가. 편안하게 지낼 수 있는 장소는 어디에나 있다.

038
모든 말을
다 믿지 마라

나는 말을 섣불리 믿지 않는다. 말한 이가 어떤 인물인지 꼼꼼히 알아본 후에야 그 말을 신뢰한다.

예컨대 웅변의 아버지 키케로Marcus Tullius Cicero라면 죽음에 관해 몇 시간이고 이야기할 수 있을 것이다. 하지만 그의 말에서 우리는 용기를 얻지 못할 것이다. 키케로 자신은 확신이 없었기 때문이다. 반면 철학자 세네카Lucius Annaeus Seneca는 확신이 있었다. 그렇기에 그의 말은 우리에게 활력을 불어넣고, 용기를 북돋는다.

자, 당신은 키케로와 세네카 중에 어느 쪽에 이끌리는가?

039
희생하지 않아도
괜찮다

　　자신을 희생하고 민중을 위해 봉사하는 일. 참으로 고
귀한 일임이 분명하다.

다만 나는 사양한다. 그러다가는 '우리의 모든 선택과 행동이
평가받는다'는 생각에 사로잡힐 수도 있기 때문이다. 세상의
평가에 맞추어 자신을 왜곡하다니, 이 얼마나 비참한 일인가.
나에게 일이란 그저 나 자신에게 적당한 것이면 된다. 바쁘게
일하지 않아도 그럭저럭 생활할 수 있다면 그것으로 족하다.
나는 나에게 어울리는 일을, 당신은 당신에게 어울리는 일을
하자. 그러기 위해서는 우선, 자신의 정신과 지혜를 누구보다
먼저 나 자신이 받아들여야 한다.

040
맞서 싸웠다는 사실에
의미가 있다

승리에 집착하는가? 졌다는 사실이 분하고 아쉬운가? 그것도 좋다. 다만 승리에 결코 뒤지지 않는 패배도 있음을 아는가?

패배에 얽매이지 말자. 당신은 싸웠지 않은가. 그래, 승리란 싸움 그 자체에 있다. 경기에서 이기는 것보다, 목표를 달성한 것보다 싸웠다는 것 자체가 승리다.

명예 또한 그러하다. 상대를 쓰러뜨리거나 훈장을 받았다고 하여 명예로운 것이 아니라, 투쟁했음이 명예다.

041
병에 걸려도
일상을 영위하는 것

당신은 병에 걸리면 어떻게 지내는가? 나는 병을 앓아도 아프지 않을 때와 다름없이 지내려고 한다. 평소와 같이 생활하되 조금 더 침착하면 된다. 내가 살아온 빛과 물을 굳이 바꾸려고 하지 않는다. 같은 침대를 쓰고, 같은 시간만큼 잠을 자며, 같은 음식을 먹고, 같은 음료를 마신다. 이것이 가장 좋은 치료법이다.

몸 상태에 따라 약간의 조정만 할뿐 특별한 치료나 식단, 전지 요법(기후 요법)은 시도하지 않는다. 그 같은 방법이 병을 더욱 악화시킬 수도 있기 때문이다. 아플지라도 평소와 다름없는 생활을 유지하는 것. 이것이야말로 건강이라 할 수 있다.

042
인생은 균형을
맞추어 흐른다

      살다 보면 피할 수 없는 일이 생기기 마련이며, 그 불가피한 일 앞에서 우리는 그저 견딜 수밖에 없다.

이렇게 삶은 조화를 이룬다. 인생에는 유쾌한 일도, 불쾌한 일도 공평히 일어난다는 뜻이다. 어느 하나라도 결여되면 삶은 조화로울 수 없다. 청아한 소리만 좋아하는 작곡가는 아마추어의 차원에서 벗어나지 못할 것이다. 세상은 청아한 소리뿐 아니라 귀에 거슬리는 소리, 둔탁한 소리, 날카로운 소리, 부드러운 소리, 묵직한 소리 등 다양한 소리로 이루어져 있다.

마찬가지로 삶은 좋은 것과 나쁜 것이 뒤섞여 있다. 우리 존재 또한 이러한 혼합으로 성립된다. 한쪽에서는 나쁜 일이 다른 쪽에서는 좋은 일이 되기도 한다.

043
영혼의 위대함은
자신을 정돈하는 힘에 있다

우리의 임무는 우리의 행동 속에 질서와 평온을 구축하는 것이지, 보상을 추구하는 것이 아니다.

그래서 인간은 위대하다. 그 위대함은 적절하고 올바른 삶을 영위할 수 있다는 데 있다. 전대미문의 업적을 이룬다고 해서 위대해지는 것이 아니다. 영혼의 위대함이란 높은 곳을 지향하는 데 있지 아니하고, 앞으로 나아가는 데 있지도 않다. 그것은 스스로를 정돈하고 절제하는 법을 아는 데 있다.

당신도 위대한 인간이다. 높은 지위에 오르거나, 재물을 모으거나, 호화로운 저택을 짓는다고 해도 그것들은 고작해야 당신의 위대함을 거들 뿐이다.

044
나와 다른 당신을
존중한다

　　누군가를 질투한 적이 있는가? 친구나 지인의 재능, 성적, 가정을 부러워한 적이 있는가? 가지지 못한 것에 나도 모르게 시선이 간 적은 없는가?

그렇다면 한번 물어보자. 당신의 존재 방식으로 다른 사람을 평가하는 것은 잘못되었다 생각하지 않는가? 그런데 왜 타인의 것으로 당신의 존재 방식을 좌우하려 하는가? 이것 역시 같은 실수가 아닐까?

주어진 것이 다르면 각자에게 맞는 삶의 방식도 다르다. 그뿐이다. 채식주의자든, 독신주의자든 제각기 자신에게 맞는 삶이 있다. 당신과 나는 다르다. 그리고 나는 나와 다른 당신을 존중하고 사랑할 것이다.

045
누구도 아닌 나의
생각과 경험으로 살라

우리는 살아가기 위해 일을 한다. 분명 그렇다. 그러나 우리의 첫 번째 과업은 삶을 사는 것이다.

생각, 지혜, 경험, 습관 등 모든 것이 삶 그 자체다. 착각해서는 안 된다. 남의 생각이나 경험으로 살아가는 게 아니라 내 생각, 내 경험으로 살아가야 한다. 만약 건축가에게 그의 지식과 경험이 아닌 다른 사람의 지식으로 건물을 짓도록 요청한다면 어떻게 될까? 결과는 불을 보듯 뻔하다.

046
권위에 기대지 말고
자신을 믿는다

　　당신 주변에는 권위에 매달리는 사람이 없는가? 당신은 어떤가? 권위주의적인 자들은 제힘으로 자신을 지탱할 수 없는 가련한 사람들이다. 그들은 스스로를 믿지 못한다. 무엇에 기대야 할지 모를 정도로 자기 자신을 신뢰하지 않는다.

훌륭한 배우는 소탈한 차림, 평범한 일상과 다를 바 없는 모습을 하고도 우리를 열광하게 한다. 그 자신이 권위가 되었기 때문이다. 반면에 경험이 부족한 견습 배우는 얼굴에 분칠을 하고 화려한 의상을 입고 요란스레 움직이지만, 우리를 조금도 즐겁게 하지 못한다. 그래서 자신이 아닌 바깥에서 권위를 찾고 그것을 겹겹이 덧입으려고 한다.

물론 이는 배우에만 국한되는 이야기가 아니다. 당신은 어느 쪽인가?

047
많은 이들이
다져 놓은 길

　　당신은 비 온 뒤의 진창길을 어떻게 걸어가는가? 나는 사람들이 다니지 않은 곳으로는 가지 않는다. 언뜻 깨끗해 보여도 그곳은 미끄러지기 쉬운 길이다. 깨끗한 표면 아래에 무언가가 도사리고 있을지 모르는 일이다.

그래서 나는 이미 많은 이들이 밟고 지나온 경로를 고른다. '그런 길은 들쑥날쑥 진창이라 발이 푹푹 빠질텐데……' 하고 망설여지는가? 물론 발이 진흙투성이가 될 수도 있다. 하지만 이미 밑바닥이 단단히 다져졌기에 발이 더 깊이 빠질 일은 없다. 이것이 안전하고 확실하게 걷는 방법이다. 사는 것도 이와 다르지 않다고 나는 생각한다.

048
교육의 목적은
행동하는 인간을 만드는 것이다

아, 이 나라의 교육은 얼마나 지조 없고 얼마나 무능한가. 이 나라의 교육은 우리를 선량한 인간으로 키우기보다 학자로 만드는 데에만 혈안이 된 듯하다. 참된 정신과 지혜를 추구하고, 몸에 익히고, 바르게 행동하는 것을 가르치지 않고 '성실'이나 '지혜'의 철자나 파생어, 어원 따위를 머릿속에 새겨넣는 교육에만 몰두한다.

그런 교육은 하등 쓸모가 없다. 삶은 행동하는 것이고 경험하는 것이다. 행동과 경험 없이 지혜가 무엇인지 어떻게 알 수 있겠는가? 그러나 지금의 교육은 지혜를 어렵고 특별한 용어로서 외우게 하고 말뿐인 인간을 만들려고 한다.

진정 제대로 된 훌륭한 교육은 우리의 판단력을 꽃피우고 행동을 변화시킬 것이다.

049
오늘에
만족한다

삶 자체에는 옳고 그름이 없다. 단지 당신이 어떻게 살아내느냐에 따라 삶은 좋은 터가 되기도 하고, 나쁜 터가 되기도 한다. 좋은 터라면 당신은 하루하루에 만족하고 있을 테다.

어제보다 오늘, 오늘보다 내일. 이 같은 무모한 희망에 매달리지 말자. 그날그날 있었던 일은 다를지라도 하루의 가치는 다른 모든 날과 동등하다. 지금 당신이 보고 있는 태양과 달과 별은 어제 당신이 본 것과 같고, 당신의 조상이 보았던 것과도 같다.

오늘이 당신에게 인생 최악의 하루였다고 하자. 그렇다고 해서 내일은 다른 날이 되는 것은 아니다. 내일을 기대하는 것은 덧없는 일이다. 우선은 오늘에 만족하는 거다. 오늘이 만족스러운 날이 되면, 내일도 저절로 만족스러운 날이 될 테니.

050
우정은 최고의
인간관계다

　　사람과 사람의 관계만큼 인간 본연의 모습이 여실히
비춰지는 곳은 없다. 그중에서도 정점의 관계가 우정이다. 아
리스토텔레스는 "분별 있는 자는 정의보다 우정을 더 배려
한다."라고 말하기도 했다.

우정에는 우정 외의 다른 목적이 없다. 하는 일에 따라 좌우
되는 것은 우정이 아니며, 일방적인 경의 또한 우정이 아니다.
그런데 하물며 이해관계에 우정이라는 이름이 가당하기나 할
까?

우정이란 서로의 영혼이 완전히 융합되는 것이며 두 영혼의
이음매마저 사라지는 것이다. "왜 그와 친구가 되었나요?" 누
군가가 나의 우정에 대해 이렇게 묻는다면, 나의 대답은 이
렇다. "그가 그였기 때문에. 그리고 내가 나였기 때문이오."

051
지혜는 저 높은 곳이 아닌
우리 곁에 있다

소크라테스는 대지를 제 발로 단단히 밟고 걸었다. 말에 올라타 질주하지 않고 보통의 속도로 걸어갔다.

우리도 부디 소크라테스를 닮았으면 한다. 그는 인간의 영혼을 지상보다 높은 곳에 두지 않았다. 영혼은 그저 건강하기만 하면 되었다. 소크라테스도 여느 사람과 다름없이 인간사에서 마주하는 수많은 어려움에 대처해 나갔던 것이다.

그리하여 그는 후세의 우리에게 최고의 보물을 남겼다. 바로 지혜를 하늘에서 끌어내린 것이다. 지혜라는 것을 정당하고 유용한 것으로서 우리 곁에 되돌려주었다.

052
행위도, 냄새도
자연스러운 것이 좋다

　요즘은 향기에 관한 연구가 진행되어 다양한 향이 만들어지고 있다. 알렉산더 대왕은 특이한 체질로 인해 땀에서 상쾌한 향이 났다고 한다. 그러나 보통 사람들의 체향은 사정이 다르다. 사실 그저 아무 냄새가 나지 않는 것이 최적의 상태라 하겠다.

냄새와 행위는 비슷한 점이 있다. 행위도 냄새와 마찬가지로 도드라지지 않는 편이 좋다. 눈에 띄는 행동은 코를 찌르는 냄새와 같다. 굳이 내가 했다고 일일이 손을 들어 알릴 필요는 없지 않은가. 누구의 눈에도 도드라지지 않고 흐르듯 자연스러운 행위가 좋다.

053
좋은 책과
만나기를 바란다

당신은 어떤 책을 즐겨 읽는가? 좋은 책은 무지한 우리 인간을 무관심의 늪에서 끌어올린다. 자연스럽고 간결한 문체로 쓰여 있으며, 난해한 내용을 쉽게 풀어 준다. 그리고 이치에 맞는 논리를 펼쳐 보인다.

이런 책을 만나면 그에 관해 이야기하지 않고는 참을 수 없을 것이다. 이런 책은 교사가 학생이 되게 한다. 교단에 서는 사람이라도 그 책에 관해 이야기하는 아이들과 여성들의 말에 귀 기울이지 않을 수 없다.

당신이 좋은 책을 더 많이 만날 수 있기를, 진심으로 기원한다.

054
어려운 문제는
접근 방식을 바꿔 본다

그리스 신화에 빼어난 미모와 그에 버금가는 특출난 다리 힘을 자랑하는 공주가 등장한다. 공주는 구혼자들을 뿌리치기 위해 다음과 같은 결혼 조건을 내건다. "나와 달리기 시합을 해서 이긴 남자와 결혼할 것이다. 하지만 시합에서 패배한 자는 목숨을 내놓아야 한다."

많은 사람이 이 거래의 희생양이 되었지만, 마침내 한 남자가 공주와의 시합에서 승리해 그녀와 결혼하기에 이르렀다. 그런데 남자는 달리기 실력으로 이긴 것이 아니다. 사랑의 신이 준 세 개의 황금 사과를 사용한 덕이었다. 남자는 공주가 자신을 앞지르려 할 때마다 황금 사과를 길에 던졌고, 그에 정신을 빼앗긴 공주는 사과를 줍기 위해 멈춰 설 수밖에 없었다. 남자는 이를 세 번 반복했다. 그를 비겁하다고 하겠는가? 그는 단지 문제를 대하는 방식을 바꾼 것뿐이다.

때로는 문제에 정면으로 부딪치지 않는 편이 나을 때도 있다.

055
사실을 직시하기란
어려운 일이다

　　고대 그리스의 어느 전사가 아들이 전쟁터에서 목숨을 잃었다는 소식을 듣고, 자신도 모르게 영광의 관을 땅에 내던졌다. 그러나 그 아들의 최후가 매우 장렬했다는 전언에 다시 관을 주워 올렸다고 한다.

때로는 같은 사실이 전혀 다른 의미를 지닐 수 있다. 그만큼 사실을 있는 그대로 마주하기란 어려운 일이다. 고금을 통틀어 최고의 용맹을 떨친 무장이라도 이 점에서는 보통 사람과 다르지 않다. 아무리 위엄 넘치는 영혼도, 완전무결해 보이는 영혼도 이런 면에서는 우리네 영혼와 같다.

그 사실을 알게 된 나는 미소 짓지 않을 수 없었다.

056
운명은 진정으로
바보가 된 사람에게 미소 짓는다

운명은 어떤 사람에게 미소 짓는가. 생각해 본 적이 있는가. '현자'라고 답하는 철학자도 있겠지만, 나는 '진정으로 바보가 된 자'라고 생각한다.

내 영혼은 어떤 두려움에도 굳건할 만큼 강인하지 않다. 한번 쓰러지면 다시 일어설 수 없을지도 모른다. 누군가가 발목을 잡아채면 원래대로 돌아갈 수 없을 것이다.

하지만 이런 나의 영혼도 완전히 전복된 적은 없다. 이것이야 말로 운명의 미소라고 할 수 있지 않을까. 신은 인간이 견딜 수 없는 추위를 주지 않는다.

모든 것을 이해하려고 하지 않아도 괜찮다. '될 대로 되라.'라고 생각하며 여유롭고 평온한 마음으로 살아가자. 당신도 분명 운명이 당신에게 미소 짓고 있음을 알게 되리라.

057
편안하게
걸어가라

당신의 정신은 긴장으로 녹초가 되어 있지는 않은가? 나는 어떤 상황에서도 좀처럼 긴장하는 일이 없다. 내 힘에 따라 자연스럽게 흘러가도록 맡기고 있기 때문이다.

훌륭히 해낸 일에는 무리한 힘이 들어가지 않는다. 정신이 최상의 컨디션일 때도 그렇다. 자연의 섭리에도 무리한 힘이 가해지는 법이 없다.

나는 가장 쉽고 가장 가까운 길을 택한다. 다른 이가 어떤 길을 가건 개의치 않는다. 명예를 얻을 수 있는 길이라 해도 내 능력과 맞지 않으면 가지 않는다. 그런 길은 나를 긴장으로 지치게 만들 것이므로.

편안하게 걸어가자. 당신 역시 긴장을 풀었을 때 비로소 당신 자신의 진정한 힘을 느낄 수 있을 것이다. "자신의 힘을 따르라." 소크라테스가 몇 번이고 강조한 말이다.

058
걸음은 빨라도, 느려도 괜찮다

　　이성은 우리에게 '올바른 길을 가라'고 명령한다. 다만 잊지 말아야 할 사실이 있다. 이성은 우리에게 이러이러한 걸음걸이로 가라 하지는 않았다. 인간으로서의 옳은 길을 벗어나지 않되, 걸음은 빠르거나 느리거나 상관없다.

의무에 매몰되다 보면 마치 동상처럼 꼼짝없이 서 있게 될 것이다.

III

행복에 관하여

MICHEL DE MONTAIGNE

매일 불평불만만 늘어놓는 사람이 있다.

늘 현재보다 더 먼 미래를, 자신이 가진 것 이상을 바란다.

행복을 찾느라 혈안이 되어 있으나 지금의 행복에는 무관심하다.

. . .

059
그저
흘러가라

"같은 강물에 두 번 몸을 담글 수 없다." 그리스의 어느 철학자가 말했다.

세상 만물은 변하고 흘러가는 법이다. 이 자연의 법칙에서 우리는 어떤 가치를 인정해야 할까. 어떤 희망을 걸 수 있을까. 우리가 처한 역경에서 벗어나는 것? 아니면 우리가 활약할 날이 도래하는 것? 가치와 희망, 그게 무엇이든 자연의 법칙과는 아무런 관련이 없다.

그저 태어나고, 그저 흘러가고, 그저 사라진다. 우리는 이런 흔들림과 무상함을 받아들일 수밖에 없다. 흔들림과 무상함이야말로 우리 인간의 본질이기에. 그저 흘러가라. 당신도 분명 흘러가는 것이 곧 행복임을 깨닫게 되리라.

060
교류는 '차이'에서
생겨난다

　　여행지에서도 자신이 해 오던 습관을 고수하며 식사
나 목욕, 수면 방식을 바꾸지 않는 사람이 있는가?

나는 여행을 떠나면 현지인과 적극적으로 교류하고자 한다.
그곳에는 미지의 발견이 있기 때문이다. 그 지역의 의식주는
나름의 합당한 이유가 있어서 선택된 것들이다. 익숙하지 않
고 다르다는 것에 위화감을 느끼기는커녕 재미와 영감을 얻
는다. 차이를 발견하는 것은 나에게 더할 나위 없이 즐거운
일이다.

교류란 '같은 부류끼리 어울리는 것'이라고 착각하고 있지 않
은가? 그렇지 않다. 교류는 무엇보다 '차이' 속에서 생겨난다.

061
죽은 후에야
비로소 알 수 있다

재산, 직함, 명성처럼 우리를 가리고 꾸밀 수 있는 가면은 삶 어디에나 준비되어 있다. 그러나 단 하나, 가면이 준비되지 않은 것이 있다. 바로 죽음이다. 친구나 가족의 죽음이 아니라 나 자신의 죽음 말이다. 그때야말로 나의 진정한 가치가 평가된다. 그 순간 비로소 내가 인생에서 얼마나 많은 행복을 누렸는지 알 수 있다. 하지만 나는 그것을 보지 못할 것이다. 나는 이미 죽었기 때문이다.

나의 행복도, 당신의 행복도 결국 죽은 후에야 알 수 있다. 그렇다고 슬퍼할 필요는 없다. 이미 우리는 죽음을 향해 여기까지 살아온 것이니까. 오늘부터 이 사실을 가슴에 새기고 굳은 각오로 끝까지 살아내자.

062
행복을 느끼는 힘이
부족한 사람은 없다

당신은 스스로 불행하다고 생각하는가? 하지만 그런 당신이야말로 현재를 즐길 힘이 있을 것이다. 처음부터 행복을 느끼는 힘이 부족한 사람은 없다. 단지 타인의 잣대로 자신의 가치를 평가하기에 만족하지 못하는 것이다.

자연이 만드는 것 중에 불필요한 것은 하나도 없는데, 그것이 불행하다고 느끼는 것은 다른 가치나 해설을 덧붙이고 있기 때문이다.

우리는 자연이 필요로 하는 만큼 늘 행복하다. 그 이상의 것은 모두 여분에 불과하다.

063
죽은 자에게
마음을 다하라

행복하지 않다고 한탄하는 이에게 특별한 해결책을 전한다. 살아있는 사람보다 죽은 자에게 마음을 다하라. 당신은 살아있는 사람에게 손을 내밀 때, 보답을 기대하고 있지는 않은가? 그래서는 행복을 찾을 수 없다. 반면 죽은 사람은 어떨까? 죽은 이는 금품으로 보답할 수도 없고, 감사의 말도 전할 수 없다. 그렇게 대가라는 타산을 넘어서면, 우리는 행복을 발견할 수 있다. 우리 자신이 최고의 덕과 품성을 갖추게 되기 때문이다.

064
풍요로움이란
최소한의 필요를 갖춘 것이다

풍요로움이 무엇이라고 생각하는가? 값비싼 것들에 둘러싸여 있는 것? 예금이 넘쳐나는 것? 남들이 부러워하는 물건을 소유하는 것? 내 입장에서는 그 무엇도 풍요로움이라 할 수 없다.

나에게 풍요로움은 최소한의 필요가 충족된 상태다. 그리고 깨끗하게 사는 것이다. 정돈되어 있으면 깨끗해 보일 것이며, 청결하면 청소하기가 즐거울 것이다.

지나침은 곧 궁핍함과 다르지 않다.

065
나 홀로
행복할 수는 없다

행복이란 대체 무엇일까? '행복은 필요한 것이 하나도 부족하지 않은 상태'라는 말은 맞을지도 모른다. 다만 나 혼자만 아무것도 부족하지 않다는 건 오히려 불행한 일일 테다. 행복한 사람에게는 자신과 비슷한 또래는 모두 형제가 되고, 나이 어린 사람은 모두 후배가 되며, 노인은 모두 부모가 된다.

자연이 우리에게 준 것 이상을 바라지 말자. 필요 이상을 바라는 것은 자신을 서서히 불태우는 것과 같다. 스스로를 고문하는 일이다.

행복은 필요한 것이 하나도 부족하지 않은 상태다. 그리고 당신 혼자만 행복할 수는 없다. 자연은 우리 삶에 순수하게 필요한 것을 주었고, 모두가 그것을 결핍 없이 누리는 것이 행복이다.

066
자연 그대로의 삶은
얼마나 행복한가

　　행복한 사람은 자연 그대로 살아간다. 자연은 우리에게 적당한 손과 발을 내어 준다. 너무 길지도, 너무 짧지도, 너무 많지도 않게. 이는 참으로 행복한 일이다.

또한 자연은 우리 한 사람 한 사람이 살아가는 데 필요한 지혜를 준다. 지혜란 철학자들이 고안한 학설처럼 완고하지도 않으며, 과장되지도 않다. 유연하고 온화하며 건강한 것이다. 자연 그대로 살아가는 법을 아는 사람은 얼마나 행복한가.

행복은 아득히 먼 이상향에 있는 것이 아니라 우리 일상에 있다. 그런 단순한 이치에 몸을 맡길 수 있다면 더없이 행복할 것이다.

067
불행은
나를 강인하게 만든다

　　당신에게 갑작스러운 불행이 닥쳤다. 현명한 당신은
자신을 위협한 불행을 기억해 두고, 원인을 찾아내어 다시는
같은 일을 겪지 않도록 세심한 주의를 기울일 것이다.

이는 마치 분노와 비슷한 열광된 상태라 할 수 있다. 하지만
나는 생각한다. 그런 정념의 불길은 당신의 얼굴을 추하게 만
든다고.

불행은 나를 강인하게 만든다. 불행은 나를 유연하게 만든다.
그러면 불행은 더 이상 불행이 아니게 된다.

불행은 당신에게만 찾아오지 않는다. 황제로 살든, 평민으로
살든 지위 따위와 무관하게 우리에게는 모든 일이 일어날 수
있다. 그런 점에서 황제와 평민은 동등하다.

068
자연에는
불의가 없다

자연은 우리에게 여러 가지를 약속한다. 아기는 자연스럽게 성장한다. 기분 좋은 소리를 들을 수 있고, 맛있는 음식을 맛볼 수 있다.

하지만 우리는 종종 자연의 약속을 경시하곤 한다. 당신은 자연이 우리에게 약속한 것을 믿는가? 자연은 무한한 수단으로 그 약속을 이행하기에, 많은 이의 눈에 매우 불확실하고 미덥지 않은 것으로 비친다. 그러나 불확실한 것은 자연이 아니라 그들 자신이다.

자연에는 불의가 없다. 우리 역시 불의를 행하려 하지 말고 혼자만을 위한 특별한 혜택을 요구하거나 기대하지 말자. 이미 너무도 큰 행복을 누리고 있다는 사실을 믿어 보자.

069
자연 본래의
쾌락을 받아들이자

나는 매일이 행복하다. 당신도 매일이 행복하다.

이리 말하면 무슨 터무니없는 소리인가 하며 한바탕 웃어넘길지도 모르겠다. 하지만 모든 이의 하루는 분명 행복하다. 단, 자연이 우리에게 가져다주는 쾌락의 정도를 넘지 않도록 주의해야 한다.

자연의 쾌락을 굳이 찾을 필요는 없다. 이미 존재하기 때문이다. 자연의 쾌락을 피하려 하지도 않아야 한다. 그렇게 하면 행복도 함께 달아나기 때문이다. 피하려는 마음도, 찾으려는 마음만큼 음울하다. 이런 마음은 만족하는 법이 없다. 항상 이리저리 방황하고 변덕스럽다.

자연이 주는 쾌락을 자신의 편의에 맞추려 하지 말라. 자연 본래의 쾌락을 받아들이자. 마음껏, 충분히, 기분 좋게 받아들이자. 당신도 매일이 행복하다는 사실을 알게 될 것이다.

070
행운도, 불운도
건강하게 바라본다

행운을 건강하게 바라보는 사람은, 불운도 건강하게 바라볼 수 있다. 그런 이야말로 행복한 사람이라고 할 수 있겠다.

행복한 사람은 피할 수 없는 고통을 알고 있다. 그런 사람에게는 어려움 또한 행복이다. 행복한 사람은 피할 수 있는 쾌락의 유혹도 잘 알고 있다. 그런 사람에게는 욕망이 불행을 가져오지 않는다.

약을 과도하게 먹지 않고 술은 취하지 않을 정도로만 마신다. 이 둘을 모두 지킬 수 있는 사람은 얼마나 행복한가.

071
나의 사전에는
불평이라는 단어가 없다

　　나는 나만의 사전을 가지고 있다. 그 사전에는 '불평'
이라는 단어가 없다. 시기가 좋지 않을 때는 그저 지나가기를
기다린다. 혹은 달려서 빠져나가기도 한다. 시기가 좋을 때는
찬찬히 마음을 가다듬는다.

인간은 조금만 똑똑해져도 인생을 좋은 시간만으로 채우고
싶어 하는 듯하다. 나쁜 시간이 사라지지 않음을 알면 그것
을 무시하려고 한다.

차가운 비가 내리든, 매서운 바람이 불든 나에게는 모든 때
가 좋은 때다. 나는 이제 인생의 쇠퇴기에 접어들었다. 그래
도 나는 삶을 존중하고, 여전히 마음껏 즐기고 있다.

자, 당신의 사전에는 어떤 단어들이 실려 있는가?

072
행복은 어느 순간에도
느낄 수 있다

기분이 좋을 때만 행복을 느끼는 것으로는 충분하지 않다. 그것은 반쯤 잠든 상태에서 행복을 맛보려 하는 것과 같다. 이런 감각이 계속되면 행복에서 자극을 찾게 될 것이다.

나는 감기에 걸리든, 배탈이 나든 어떤 컨디션에서도 행복을 느낄 수 있다. 행복에는 크고 작음이 없다. 모든 존재가 그저 고마울 따름이다.

자, 당신도 비몽사몽인 상태에서 눈을 떠 보자. 저기에 행복이 보이지 않는가.

073
행복을 찾아 헤매다 보면
지금의 행복을 보지 못한다

나의 시선은 어디에서나 하늘의 이치가 내 주변에 고요히 펼쳐져 있음을 포착한다. 하늘의 이치는 어떤 두려움이나 근심에도 흔들리는 법이 없다. 이를 아는 사람은 과거, 현재, 미래 어디에서나 행복을 인식할 수 있다. 그리고 행복한 날들에 감사할 수 있다.

반면, 매일 불평불만만 늘어놓는 사람도 있다. 그들은 지금이 순간을 그저 흘려보내고 있는 셈이다. 그들은 늘 현재보다 더 먼 미래를, 자신이 가진 것 이상에만 신경을 쏟기 때문이다.

나는 그들을 '희망의 노예'라고 부른다. 안타깝게도 그들은 행복을 찾느라 혈안이 되어 있으면서도 지금의 행복에는 무관심하다.

074
그저
스스로 행복해지자

행복을 얻을 수 있는 법칙을 설파하는 사람들이 있지만, 그 말은 귀담아듣지 않는 편이 좋다. 행복은 법칙이나 이론을 초월한다. 아무리 학식이 높은 사람도, 아무리 유창한 말을 쏟아붓는 사람도 행복의 참모습을 알 수는 없을 것이다.

그렇기에 나는 당신에게 청한다. 행복이 무엇인지 연구하고 해석하려 하지 말고 그냥 스스로 행복해지자고. 행복해지는 법칙은 없지만, 분명한 사실 하나는 있다.

행복은 자석과 같다. 자석이 바늘을 하나하나 끌어당기듯 행복은 행복을 불러온다. 그렇다고 다른 사람이 자석이 되어 주기를 기대하는 것은 부질없는 바람이다. 나 자신이 자석이 되어야 한다.

075

행복할지 불행할지는
나 자신에게 달렸다

　　우리는 필연적으로 죽는다. 지극히 당연한 일이다. 다만 죽음을 받아들이는 태도나 방식은 각자가 다를 수 있다. 죽음과 마찬가지로 건강, 권위, 학문, 재산 등에 대해서도 우리는 제각기 다양한 방식으로 받아들인다.

우리와 외부의 관계란 그런 것이다. 외부의 요소를 어떻게 받아들일지는 우리에게 달려 있다. 행복할지 불행할지는 나 자신에게 달렸다는 말이다.

당신도 마찬가지다. 언젠가 운명을 이끌어 가는 것은 당신 자신임을 실감할 때가 올 것이다.

076
어디에서나 행운을
발견할 수 있다

나는 내 능력에 대한 기대가 그리 크지 않다. 물론 나는 내게 적합한 역량을 지니고 있으며, 그것을 발휘하고자 노력한다.

사실 능력을 발휘할 수 있다는 것 자체가 행운이다. 일이 잘 풀릴 때, 나는 내 힘이 아니라 그러한 행운에 감사한다. 나는 매 순간 떨리는 마음으로 신중하게 시도하며 나아간다. 애초에 목표 지점까지 아무 장애물 없이 도달할 수 있으리라 낙관하지도 않으며, 자만하지도 않는다.

그렇기에 나는 어디에서든 행운을 발견할 수 있다.

077
일을 즐길 수 있다면
더할 나위 없다

가장 행복한 사람은 자신의 일을 있는 그대로 좋아하고 그 자체를 즐기는 사람일 것이다.

기쁨이란 자기 내면에서 비롯되는 감정이기에, 자신을 기쁘게 하는 것이야말로 가장 단순하며 쉬울 수 있다. 하지만 실상은 매우 어려운 일이기도 하다.

내가 아는 어떤 시인은 세간의 평가를 전혀 신경 쓰지 않는 듯이 보인다. 그는 자신의 기쁨을 위해 담담히 글을 쓴다. 그에 비해 나의 『에세』는 어떤가. 이 글은 나에게 웃음을 주기는 커녕 종종 실의에 빠뜨린다. 내 키나 몸뚱이, 행동도 별반 다르지 않다. 나는 볼품없는 풍채에, 행동에도 위엄이 없다.

그러나 그것이 나이기에 어쩔 수 없다. 『에세』가 비록 무가치한 것일지라도 나에게는 소중한 인연의 선물이다.

078
정신뿐 아니라
육체도 소중히 여긴다

많은 이가 그러하듯이 당신도 여러 사람과 다양한 관계를 맺으며 살아갈 것이다. 그중에 마지못해 이어가는 관계는 없는가? 나는 사람을 사귐에 있어 편안함과 아름다움을 중요하게 여긴다. 서로에게 동조하며 조화를 이룰 때 나와 상대는 비로소 온전히 어우러진다.

이는 정신과 육체의 관계에도 통한다. 정신만을 중시하며 육체의 편안함을 버리지 말자. 육체의 쾌락이라는 중요한 측면을 경멸하지 말자. 정신과 육체를 분리해서는 안 된다. 이 둘이 반목해서도 안 된다. 정신과 육체가 연결될 때 비로소 행복이 찾아온다.

자신의 육체를 받아들이고, 보살피고, 관리하고, 소중히 여기자. 정신과 육체가 상충하지 않고 조화를 이루게 하자. 아, 그보다 행복한 일은 없다.

079
자신에게
무리하지 않는다

우리는 스스로에게 무리한 요구를 하지 말아야 한다. 이 무리한 요구란, 자기 자신에게 과도한 기대를 거는 것이다. 자신이 좋아하는 방식으로 천천히 그리고 성실하게 걸어가도 괜찮다. 하늘은 누구에게나 관대하다. 어떤 방식으로 걷든 그것이 하늘의 섭리다.

하늘이 우리에게 준 이 행복을 조용히 받아들이고 즐기면 어떨까.

080
하늘은 우리에게
행복도, 불행도 주지 않았다

하늘은 우리에게 행복도, 불행도 주지 않았다. 우리가 행복하다고 여기면 무엇이든 행복이 된다. 반대로 불행하다고 생각하면 무엇이든 불행이 될 수 있다.

하늘이 우리에게 주는 것은 행복의 재료뿐이다. 그 재료를 행복으로 바꿀지, 불행으로 바꿀지는 마음먹기에 달려 있다. 재산, 명예, 건강 혹은 다른 무엇도 당신이 어떤 기쁨을 부여하느냐에 따라 달라진다. 다른 사람이 그것을 어떻게 생각하는지는 전혀 상관없는 일이다.

그래서 나는 생각한다. 재산도 명예도 적당함에 머물고, 근심하거나 애쓰지 않고, 가진 것만으로도 만족할 수 있는 사람이 되고 싶다. 이런 사람이야말로 가장 행복할 테니.

081
불행 또한
우리의 동의를 통해 찾아온다

당신은 행복을 좇으며, 오직 행복만이 찾아오기를 기도하고 있는지 모르겠다. 그러나 불행 또한 당신의 동의를 통해서 찾아온다.

우리는 사물 그 자체가 아니라, 그 사물에 대한 생각 때문에 고통받는다. 우리가 불행이라고 부르는 것은 그 자체로 불행도 아니며, 고통도 아니다. 그저 아무것도 아니다. 거기에 의미를 부여하고 반응하는 것은 우리 자신이다.

운명은 우리에게 재료만 줄 뿐이다. 그 재료로 형태를 빚고 맛을 내는 것은 우리 자신이다. 그렇기에 나는 제안한다. 불행이 우리의 동의를 통해 찾아오는 것이라면 그 불행을 행복으로 반전하는 것도 가능하지 않을까. 뒤집기까지는 못하더라도 성질을 바꾸는 정도는 할 수 있지 않을까. 어떻게 생각하는가.

082
자신의 인생을
사랑하라

　　자신에게 기회가 없다고 원망하지 않아도 된다. 운이 없다고 한탄하지 않아도 된다. 지금 우리 인생은 그것 없이도 잘 흘러갈 수 있기 때문이다. 원망과 질투에 사로잡혀 이리저리 휩쓸리고 방황하지 말자.

자연은 차별하지 않고 주어야 할 것을 준다. '운이 없다'고 느낄 때는 우리가 그 행운을 온전히 내 것으로 만든 때다. 그렇다면 왜 불만이 생기는 걸까? 엉뚱한 데만 보느라 자신이 축복받았다는 사실을 깨닫지 못하기에 그렇다.

우리에게 주어진 것을 소중하고 규칙적으로 사용해야 한다. 자신의 건강을 소중히 여기지 않는 사람은 드물 것이다. 그런데 어째서인지 인생을 소중히 여기는 사람은 드물다. 건강을 생각하듯이 자신의 인생을 사랑하자.

083
누구도 아닌
나 자신의 버팀목

언젠가 한번은 연이어 불행이 닥친 적이 있었다. 차라리 한꺼번에 몰려왔다면 어떻게든 막아낼 수 있었을지도 모른다. 그러나 당시는 하나하나 줄지어 공격해 왔다. 더는 손도 발도 쓸 수 없는 상태에 빠졌다.

그래서 나는 이 불행도 의미가 있을 것이라 되뇌며 각오를 다졌다. 그러다 문득 깨달았다. 내가 운명이 은혜를 베풀기만을 기대하며 나 자신을 소홀히 하고 있었음을.

우리는 특히 불행 속에서 나 아닌 다른 것에 자신을 내맡기려고 한다. 그러지 말자. 의지해야 할 것은 우리가 본래 지닌 힘이다. 혹시 당신도 스스로를 지지하는 데 쓸 힘을 아까워하고 있지는 않은가? 외부의 불확실한 지지를 기대하기보다는 나자신이 나의 버팀목이 되어 주는 것이 가장 확실하고 든든한 타개책임을 잊지 말자.

084
불행을 미리 경험하려는
노력은 필요한가

"자신에게 닥칠 수 있는 모든 불행을 상상하고, 그 불행을 최대한 현실감 있게 느껴 보라." 이렇게 조언하는 사람들이 있다. 하지만 나는 도무지 이해할 수 없다. 아직 일어나지도 않은 불행을 미리 경험하려는 노력이 무슨 도움이 될까? 운명이 언젠가 우리를 채찍질할지 모른다고 해서 지금 당장 맞을 필요가 있는가 말이다.

우리가 고삐를 쥔 말이 어떤 이유로 미친 듯이 날뛸 수도 있다. 하지만 그것은 예상할 수 없는 일이다. 설령 일이 벌어지더라도 흥분한 말은 고삐 길이만큼만 날뛸 수 있다. 고삐를 단단히 잡고 있으면 결국 우리의 속도에 맞추게 되어 있다.

불행도 마찬가지다. 우리가 쥔 고삐 길이만큼 찾아온다. 그래서 결국은 제자리를 찾는다. 말하자면, 내가 당신에게 전하는 불행에 대처하는 방법이란 이런 것이다.

085
행복은 저절로
찾아온다

나는 좋은 향기에 둘러싸이기를 좋아하며, 나쁜 냄새에는 누구보다 민감하게 반응하고 역함을 느낀다.

내가 기분 좋게 느끼는 향기는 가장 단순한 것, 바로 자연이 내뿜는 냄새다. 좋은 향기는 몸에 오래도록 머무르고 피부를 촉촉히 적시기도 한다. 그런 향기에 흠뻑 젖을 수 있다면 지극히 행복할 것이다.

혹시 이 같은 향기를 코에 실어다 줄 도구가 없다고 불평하지는 말자. 향기는 제 스스로 퍼져나가는 것이므로.

행복도 마찬가지다. 행복을 가져다주는 수단이나 도구가 없음을 불평해서는 안 된다. 행복 역시 제 스스로 찾아오는 것이기 때문이다.

086
육체는
무엇보다 아름답다

아름다움은 우리가 교류함에 있어 무척 중요한 요소다. 필수적이라고 해도 과언이 아니다. 아무리 야만스러운 사람이라도, 아무리 오만한 사람이라도 지극한 아름다움에 매료되지 않는 이는 없을 것이다.

그 아름다움 중에서도 인간의 육체가 상위를 차지하고 있음을 아는가? 우리 육체는 다른 무엇의 인정이나 승인이 필요하지 않다. 그런 것을 기다릴 필요 없이 자연스럽게 있어야 할 대로 이루어져 있다. 필요한 요소가 저절로 융합해 자신이라는 형태를 이룬 것이다.

당신은 이런 아름다움을 다른 곳에서 본 적이 있는가?

087
운명을
지배하려 하지 마라

운명은 정해져 있지 않고 변화한다. 그리하여 다양한 형태로 우리 앞에 모습을 드러낸다.

운명의 작용이 정의와 절묘하게 맞아떨어질 때가 있다. 사람들이 기적이라 부르는 결과를 가져올 때도 있다. 그런가 하면 우리를 조롱하기도 한다. 어느 때는 의사의 역할을 하기도 하고, 화가가 되기도 한다. 어떤가? 당신도 몇 가지 떠오르는 일이 있으리라.

'운명은 인간보다 사려 깊다.'라는 말이 있다. 참 묘한 말이기도 하다. 그만큼 운명이란 불가사의한 작용을 한다. 운명을 손안에 넣으려는 비열하고 얕은 수작을 부리지 말자. 우리는 그저 운명의 은혜와 선의를 받아들이면 된다.

IV

성실함에 관하여

MICHEL DE MONTAIGNE

당신 안에 빛을 발하는 마음이 있음을 잊지 말자.

지금은 짙은 구름에 겹겹이 가려져 있더라도 절대 의심하지 말자.

태양은 분명 당신 안에도 있다.

· · ·

088
기쁨에는
성실함이 있다

　'쾌락은 저속한 것'이라며 눈살을 찌푸릴지도 모르겠다. 물론 그런 쾌락도 있다. 하지만 그런 것은 욕망에 의해 인위적으로 만들어진 쾌락일 뿐이다. 자연이 우리에게 준 쾌락은 찰나적이지도, 천박하지도 않다. 그야말로 진정한 쾌락이다.

나는 그것을 기쁨이라고 부른다. 기쁨에는 반드시 성실함이 깃든다. 성실하기에 사람을 가리지 않고 누구와도 함께 기뻐할 수 있다. 이 기쁨은 우리를 더욱 강인하게, 그리고 유연하게 만들어 줄 것이다.

089
신뢰란 모든 것을 내려놓고 믿는 것이다

나는 누군가에게 지갑을 맡기면 그 사람을 전적으로 신뢰한다. 그런 나에게 한 친구는 "그렇게 마냥 믿다가는 상대가 쉽게 속이려 들 걸세."라고 충고했다. 설령 그렇더라도 괜찮다. 나에게 신뢰란 모든 것을 내려놓고 믿는 것이다.

내 집은 누구에게나 항시 열려 있다. 그러다가는 도적들에게 크게 털릴 것이라며 친구들은 걱정한다. 그러나 나는 이웃들에게 크나큰 호의를 받고 있다. 오랜 기간 프랑스는 대혼란을 겪었다. 그사이 나와 비슷한 여러 귀족들의 집은 막대한 피해를 입었다. 그런데 놀랍게도 내 집은 아무런 피해를 입지 않았다.

090
자신을 권위로
삼아라

그 무엇도 아닌 자기 자신을 권위로 삼아야 한다. 남의 말이나 지식, 직함이나 지위 같은 장신구를 자신의 권위로 삼는 사람이 있는데, 그것은 스스로를 모욕하는 것이나 다름없다.

물론 때로는 타인의 것을 빌려야 할 때도 있다. 그럴 때는 그것이 빌린 것임을 숨기지 말아야 한다. 숨기는 행동은 첫째로 정직하지 않으며, 둘째로 비겁하고, 셋째로 자기 자신을 더럽히는 일이다.

우리 각자는 본래 가진 것이 있다. 장식은 어차피 장식일 뿐이다. 그런 것을 권위로 삼지 말자. 자기 본연의 것을 발휘해 나가면 된다.

091
오로지
성실하라

요즘은 성실함이 그저 장식품이 되어버린 듯하다. 너나 할 것 없이 '성실'을 운운하지만, 그 말은 그저 혀끝에 매달린 장신구나 다름없다. 아, 참된 마음에서 우러나온 행동은 이제 어디에도 없는 것일까?

언뜻 보기에는 성실해 보이지만 그 행동의 밑바닥에는 이해타산이 숨어 있다. 정의, 용기, 선善 등 다양한 미덕을 설파하지만, 그 속에서 성실함이라고는 한 조각도 찾아볼 수 없다.

여기서 나는 단언한다. 성실함은 성실함에 의해, 성실함을 위해 이루어져야 한다.

092
진실도
해가 될 수 있다

'진실을 말하는 것은 결코 잘못이 아니다.'라고 주장하는 사람이 있다. '진실 앞에서는 현실이 양보해야 한다.'라고 단언하는 사람도 있다. 진실이란 실로 그런 것인지도 모르겠다.

하지만 나는 그렇게 주장하는 사람을 신뢰할 수 없다. 당신은 어떤가? 그런 사람들과 잘 지낼 수 있는가? 진실은 누군가의 손에 맡겨질 수 있는 것이 아니다. 아무렇게나 써도 되는 것도 아니다. 진실을 말하는 것은 훌륭한 일일 것이다. 좋은 결과를 가져올 때도 있다. 그러나 유익하지 않을 때가 더 많고 오히려 해를 끼치기도 한다. 심지어 불의가 될 수도 있음을 당신도 알았으면 한다.

093
성공을
흉내 낼 필요는 없다

다양한 성공 사례는 우리에게 자극을 준다. 하지만 성공의 이면에는 실패 또한 있기 마련이다. 위대한 힘에도 강함만큼이나 약한 고리가 있다.

나의 나약함은 나의 강점만큼이나 정당하다. 나는 다른 사람의 성공을 정당하게 평가하지만, 그것을 흉내 내고 싶지는 않다. 위인들의 영혼은 감히 흉내 낼 수 없을 만큼 높은 곳에 있다는 사실을 인정하자. 그것이 성실함이다. 그리고 그 높이까지 오르려고 하지 않는 것, 이것도 성실함이다.

보아하니 사람들은 흉내 낼 수 있을 만한 대상에만 눈을 돌리는 듯도 하다. 나는 나의 길을 걷겠다. 평탄한 길이 아니어도 상관없다. 웅덩이가 많든 진흙이 튀어 오르든 그것이 나의 길이다.

094
어떤 일이든
해 보면 된다

　행위는 나 자신이 누구인지 말로 설명하기보다 더 많은 것을 보여 줄 것이다. 행위는 나의 운명과 역할에 대해서도 보여 줄 것이다.

하지만 누군가는 이렇게 생각할지 모르겠다. '무엇을 해야 할지 모르겠어.' '내 역할이 뭔지 모르겠어.' 사실 그 같은 의문을 가지는 것으로도 충분하다.

어쩔 수 없이 해야 하는 일이란 없다. 역할이라는 것도 대개는 막연하게만 알 수 있다. 오히려 우리는 복합적이고 다양한 역할을 맡고 있는 게 아닐까.

처음부터 역할 따위는 모르는 게 나을지 모른다. 어떤 일이든 해 보면 된다. 실패해도 별일 아니다. 우리의 행위 하나하나는 반드시 연결되어 우리의 본질을 이룰 것이다.

O95
단점도
소중한 나의 일부다

나는 나의 단점이 무엇인지 안다. 나는 그것을 고치려고 한 적은 있어도 뿌리째 뽑으려 하지는 않는다. 그것 또한 나의 일부이기 때문이다. 마찬가지로 내가 지닌 장점 또한 알고 있다. 이때 나는 내 장점의 가치는 낮추고, 다른 사람이 가진 장점의 가치를 높이려고 노력한다.

당신은 할 수 있으나, 나는 할 수 없는 일이 있다. 마찬가지로 나는 할 수 있지만, 당신은 할 수 없는 일이 있다. 만약 당신과 내가 우연히 같은 힘을 가지고 있다면, 나는 내 것이 아닌 당신의 능력에 더 높은 가치를 매길 것이다. 설령 그 힘의 주인이 말이나 소일지라도 그들이 가진 것은 내가 가진 것보다 더 가치 있다.

096
결코 자신을
속이지 않는다

유행하는 가치나 세간의 소문에 따라 자신의 신념을 바꾸는 사람들이 있는 듯한데, 당신은 어떤가? 신념은 꾸밀 수 있는 게 아니다. 신념에 가면을 씌워 빛을 가리고 숨기면 결국 썩고 만다. 이것만은 꼭 말하고 싶다. 나는 자신을 속이고 위장하는 것이 가장 비열하고 비겁한 일이라고 여긴다. 사물을 있는 그대로 놓아 두자.

요즘 사람들은 자신의 본얼굴을 가리고 꾸미려 한다. 이는 자기 자신을 배신하는 행위나 다름없다. 그러다 보면 거짓에 익숙해지고 자신과의 약속을 쉽사리 저버린다.

성실한 사람은 자신과 한 약속을 가장 소중히 여긴다. 그리고 결코 자신을 속이지 않는다.

097
누구에게나
고귀한 마음이 있다

고귀한 마음은 무한한 가능성을 품고 있다. 모두를 향해 열려 있다는 뜻이다. 고귀한 마음은 주인을 가리지 않는다. 직업이나 가문과 상관없이 누구에게나 열려 있다. 고귀한 마음은 상대도 가리지 않는다. 어떤 상대에도, 어떤 상황에도 열려 있다.

당신에게도 그런 마음이 있음을 믿을 수 있겠는가? 당신이 현재 어떤 사람이든, 빛을 발하는 마음이 당신 안에 있음을 잊지 말자. 지금은 그것이 짙은 구름에 겹겹이 가려져 있더라도 절대 의심하지 말자. 태양은 분명 당신 안에도 있다.

O98
고난을 감내하고
정신을 단련하라

의복이나 장신구는 외부에서 빌릴 수 있지만, 육체는
빌릴 수 없다. 우리의 본래 힘은 자신의 육체에서만 나온다.
이것이 우리가 몸을 단련하는 이유다.

그리고 육체와 마찬가지로 정신도 단련할 수 있다. 우리의 정
신은 괴로움과 어려움을 겪으며 강해진다. 우선은 눈앞에 있
는 고난을 감내해 보자.

099
먼저 나부터
바로잡는다

타인과의 교류에서 특히 중요한 자질은 신중함과 겸손함이다. 다른 사람보다 더 나아 보이기 위해 남을 비난하거나, 이목을 끌기 위해 유별난 행동을 하는 것은 오산이며 잘못이다.

말은 신중히 해야 하며, 잘못을 깨달으면 즉시 인정하는 것이 올바른 판단이다. 성실함이란 바로 이런 것이다.

다른 사람의 방식을 고치려고 하지 말라. 의견을 더하는 것은 괜찮지만 고치려고 해서는 안 된다. 가장 확실한 진리는 이것이다. 먼저 나부터 바로잡아야 한다.

100
'신의 뜻'이라는 말을 주의하라

"이것이 신의 뜻이다." 누군가가 이렇게 말한다면 경계하라. 그 말에는 '모르는 것에 대한 심리'를 이용해서 무언가를 믿게 하려는 저의가 깔려 있다.

우리는 미지의 것 혹은 알려진 바가 적은 것일수록 굳게 믿는 경향이 있다. 애초에 자연이나 신의 본성은 우리가 알 수 있는 것이 아니다. 그것이 참된 무지다. 이 무지를 이용하려 드는 것은 신을 두려워하지 않는 짓이다.

태양의 밝은 빛에 욕심을 품고 눈을 더 크게 뜬 자는 결국 오만의 대가로 시력을 잃을 것이다. 무지를 이용한다는 것은 바로 이런 것이다.

101
신이 될
필요는 없다

현재 당신이 복수하고 싶은 누군가가 있다고 상상해보자. 이때 타고난 기질로 그 감정을 억누를 수 있다면 얼마나 다행스러운 일인가. 그렇지 않다면 우리 안의 복수심은 미친 듯이 타오를지도 모른다.

만약 운 좋게도 타고난 기질로 복수를 포기한다면, 이는 하나의 선善이라 할 수 있겠다. 이러한 선행은 신의 행위와 비슷하다. 다만 이것이 덕德은 아니다. 덕은 어려움을 극복하는 과정이 필요하기 때문이다.

말하자면 덕은 우리 인간에게만 허락된 것이다. 신은 그 자체로 선하고 관대하며 공정하기에 노력할 필요가 없다. 그래서 신에게 덕행은 성립하지 않는다.

우리는 신이 될 필요가 없다. 그저 인간으로 살면 된다. 모욕을 당했을 때는 분노를 느껴도 괜찮다.

102
씨앗은 뿌리는 것이지
마구 던지는 게 아니다

나는 기도한다. '당신이 많은 결실을 거두기를.' 하지만 그러기 위해서는 당신의 손으로 직접 씨를 뿌려야 한다. 베푼다고 하면서 남의 돈으로 아무 물건이나 제멋대로 나눠 주는 것이 공적이 되지는 않는다. 남아도는 재물을 마구 뿌리는 것도 무가치한 행위가 될 것이다.

선물에 얼마나 많은 비용을 들였느냐가 중요한 게 아니다. 실제로 당신이 노력을 더하고 진심을 담았는가가 중요하다. 씨앗은 뿌리는 것이지 마구 던지는 것이 아니다. 그렇지 않은가?

103
더 현명해지고
더 많이 행동할 수 있도록

나는 『에세』에 많은 씨앗을 뿌려 놓았다. 파종하는 방식이 서툴렀을지 모르나, 그 점은 부디 양해해 주기 바란다. 다만 방식의 숙련도를 떠나서 나보다 더 풍성하게 씨앗을 뿌린 저자는 내가 아는 한 아무도 없다.

그리고 나의 예측을 뛰어넘어 그 씨앗을 더 풍성하고 대담한 결실로 만드는 것은 바로 당신이다. 나는 허공에 대고 이야기하는 것이 아니다. 허무맹랑한 말로 속이는 것은 진저리가 날 만큼 싫다. 나는 당신을 향해 이야기하고 있다. 『에세』는 당신이 더 현명해지기를 기원하고, 더 많이 행동할 수 있도록 돕는 수단이다.

104
자연스러운 상태의
무지

무지에는 두 종류가 있다. 하나는 지식 이전의 무지, 어리석은 자의 무지다. 다른 하나는 방대한 지식을 쌓음으로써 도달하는 무지다. 후자는 현자의 무지라고 말할 수 있다. 나는 완전히 어리석지도 않으며, 현자도 아닌 듯하다. 대다수의 인간과 같다는 뜻이다. 당신은 어떤가?

그런데 이 중간쯤에 있는 사람들이 그 누구보다 지식에 휘둘리고, 자신의 결점을 고치려다 세상을 혼란에 빠뜨린다. 우리 같은 사람들에게는 더욱 성실함이 요구되는 이유다.

나는 현자가 될 생각은 없다. 그저 성실하고 싶을 뿐이다. 성실해지는 것은 어리석은 자의 무지로 돌아가는 것이다. 그로써 충분하다고 생각한다. 그것이 자연 상태의 무지이므로.

105
모르는 분야에 대해
함부로 말하지 않는다

사람들은 자신의 일보다 남의 직업에 대해 말하기를 더 좋아하는 것 같다. 이는 마치 농부가 전쟁에서 싸우는 법을 논하고, 전사가 농사짓는 법을 논하는 것과 같다. 나는 무언가를 배울 때, 마땅히 그것을 배워야 할 곳에서 배우고자 신경 쓴다. 예컨대 집 짓는 법은 건축가에게, 건강과 체질에 관한 것은 의사에게, 싸우는 법은 전사에게 배운다. 당신도 이 점은 마찬가지이리라. 그런데 왜 말을 할 때는 잘 알지도 못하는 분야에 관해 떠드는 걸까? 사람들은 말이 너무 많다. 마치 게으른 소가 말의 안장을 동경하는 것과 같다. 당신이 항상 노력하고 있는 일에야말로 당신만의 이야깃거리가 있고 그 이야기의 가치가 있다. 왜 굳이 그 가치를 버리려고 하는가? 그런 행동은 그저 미숙한 아마추어라는 평판을 자초할 뿐이다.

V

판단력에 관하여

MICHEL DE MONTAIGNE

'그럴 리 없다'는 단정은

인간의 이해력 안에 자연의 힘을 끼워 맞추려는 억지다.

오만이며 자신의 무지를 모르는 어리석음이다.

· · ·

106
너무 많이 아는 것은
해가 되기도 한다

이런 말이 있다. '올바른 판단을 내리려면 최대한 많은 것을, 최대한 명확하게 봐야 한다.' 당신도 그렇게 생각하는가?

나는 너무 잘 보이는 것은 도리어 해가 된다고 생각한다. 지나치게 많은 것을 보다 보면 혼란이 가중되는 경우가 있다. 혹은 아예 옴짝달싹 못 하게 되기도 한다.

선택지도 비전도, 무엇이든 적당한 편이 좋다. 적당히 보이는 것으로 충분하다. 그때 우리는 더 능동적으로 움직일 수 있다.

107

정보에도
적절한 양이 있다

올바른 판단을 위해서는 무엇이 필요하다고 생각하는가? 최신 정보 혹은 신뢰할 수 있는 정보? 아니면 최대한 많은 정보일까?

이 중 어느 것도 적절하지 않다. 올바른 결정을 하기 위해 온갖 정보를 탐색하는 것은 오히려 제대로 된 판단을 저해할 수 있다.

정보에도 적절한 양이 있는 법이다. 지식과 이론만 내세우는 사람은 어떤 역할도 제대로 해낼 수 없을 것이다. 어떤 일이든 맹점이 있기 마련이며, 지나치게 많은 정보에 집착하면 실행력이 떨어진다. 적당한 정보만으로 충분하다. 그러면 어떤 역할을 맡더라도 당신은 잘 부응할 수 있을 것이다.

108
학자가 다
현명한 것은 아니다

이런 학자를 만난 적 있는가? 남의 고난이나 어려움에 대해서는 유창하게 말하지만, 정작 자신의 고난 앞에서는 두려움에 주저하고 마는 학자들. 혹은 기억력은 남들보다 뛰어나지만, 판단력은 텅 빈 학자들.

학자의 옷을 입었다고 하여 품격이 절로 다듬어지는 것은 아니다. 판단력은 지식 없이도 발휘할 수 있지만, 판단력 없이는 지식을 온전히 활용할 수 없다. 지식을 그저 쌓아 놓기만 하는 학자가 되기 위해 공부할 바에는, 차라리 밖에서 뛰노는 편이 낫다. 그러면 적어도 몸은 단련될 테니까.

109
판단이란
정답을 내리는 것이 아니다

우리는 시시각각 크고 작은 판단을 내린다. 지금 이
순간에도 무언가를 판단하며 선택한다. 이는 우리의 판단력
이 모든 일에 적용되고, 모든 것과 연관되어 있다는 뜻이다.
'언제나 망설임 없이 옳은 판단을 하고 싶다.' 이리 생각할지
도 모르겠다. 먼저 말해 두자면, 판단력이란 정답을 맞히는
능력이 아니다. 그 방향이 옳은지 아닌지는 걸음을 내디딘 후
에야 비로소 알 수 있다. 즉, 판단이란 계속 시도하는 것이다.
나는 모든 기회를 이용해 판단을 시도한다. 시도 자체에 의미
가 있기에 결과는 크게 중요하지 않다. 멀리 있는 목표만 보
려 하니까 판단이 어려운 것이다. 그런 것에 사로잡히면 한 발
짝도 내디딜 수 없게 된다.

나의 발도, 당신의 발도 한 걸음씩만 나아갈 수 있다. 그 한
걸음을 거듭하는 것으로, 비로소 판단은 공고해진다.

110
물에 빠지지 마라
되돌아가라

　계속 앞으로 나아가야 한다는 생각에 사로잡혀 있는 가? 그렇다면 전하고 싶은 말이 있다. 판단력의 가장 중요한 역할은 '더 나아갈 수 없는 한계'를 아는 것임을 잊지 말라.
가정해 보자. 당신은 지금 강을 건너려고 한다. 그러기 위해 꽤 오래전부터 강물의 흐름을 살피고, 앞서 건넌 사람들을 지켜보았을 것이다. 하지만 실제로 강에 발을 담그면, 준비한 것이 대부분 쓸모없다는 사실을 깨달을 것이다. 당신의 키와 다리 힘으로는 더 나아갈 수 없음을 알았을 때, 당신은 어떻게 할 것인가?
물에 빠지지 마라. 되돌아가라.

111
넓게 보는 것이 아니라
깊게 본다

"전체를 보라." 이런 이야기를 들을 때가 있다. '전체를 보아야 비로소 부분을 이해할 수 있다'고 배우기도 한다. 과연 전체를 볼 수 있는 사람은 어떤 사람일까?

사실 그게 무엇이든 전체를 다 본다는 것은 불가능하다. 작은 것이라면 볼 수 있을 거라는 생각은 자만이다. 작은 것일수록 전체를 파악하기 어렵다. 나에게 전체를 보라고 주장하는 사람들 역시 전체를 다 보지 못했을 것이다.

우리는 전체의 일부에만 접근할 수 있다. 그래서 나는 전체에서 일부분을 떼어내어 만져 보고, 맛보고, 씹어 본다. 때로는 다른 각도에서 만져 보고 그 부분의 뼈가 느껴질 정도로 깊숙이 찔러 보기도 한다.

판단이란 넓게 보는 것이 아니라 깊게 볼 때 가능해진다. 당신도 그리해 보기를 권한다.

112
거리를 두지 않으면
제대로 볼 수 없다

긴장이 너무 오랫동안 지속되면 우리의 판단력은 무기력해지고 음울해진다. 판단에는 냉정함만이 중시되는 듯이 보이지만, 쾌활함도 필요하다.

판단이 요구되는 상황이더라도 자신의 판단력이 둔해지고 흐려진 상태라면, 우선은 그 일에서 거리를 두는 편이 좋다. 집착하게 되면 제대로 된 판단력을 발휘하기란 불가능해진다.

일단 거리를 두자. 여기서부터 시작이다. 대상과 너무 가까우면 시야가 흐려져 제대로 볼 수 없다. 판단력도 마찬가지다.

113
자신의 무지를
아는 것이야말로

옳은 판단을 할 수 있는 사람이 귀하게 여겨지는 데는 이유가 있다. 지식의 오류는 타인의 지적을 통해 깨달을 수 있지만, 판단력에 대해서는 누군가가 오류를 발견해 주어도 우리 스스로 알아차리기란 매우 어렵다. 판단력만큼은 오직 자기 자신을 의지할 수밖에 없다. 그래서 판단력이 존중받는 것이다.

그럼 어떻게 해야 올바른 판단을 할 수 있을까? 답은 간단하다. 자신의 무지를 아는 것이다. 나의 무지를 아는 것이야말로 가장 아름답고 확실한 판단력의 발현이다.

114
당장 판단할 수 없을 때는
기다린다

이쪽이든 저쪽이든, 어느 방향을 선택하더라도 거기
에는 그럴듯한 이유가 있을 것이다. 또는 어느 쪽으로도 선뜻
나아가지 못하는 의심 또한 있을 것이다. 이런 상황에서 당신
은 어떻게 하겠는가?

어느 방향으로 향하든, 적절한 때가 도래해 등을 밀어줄 때
까지 기다리자. 선택에 앞서서, 나아가지 않을 자유와 나아갈
자유 모두를 내 몫으로 남겨 두고 기다리는 거다.

대개 바람이 깃털을 태워 날아가듯이 운명이 우리를 이끌어
줄 것이다.

115
누구에게나
주어진 힘

신체의 민첩성, 손재주, 기억력, 경험의 정도와 내용, 용기 등은 사람마다 차이가 있다. 당신이 누군가의 능력을 부러워할 때도 있고, 누군가가 당신의 능력을 시기하기도 한다. 나 역시 손재주가 더 좋았으면 하고 바란다. 외모가 더 잘생겼으면 좋았을 텐데 하는 생각이 들 때도 있다.

한데 그런 우열이나 질투와 무관한 '힘'이 우리 모두에게 주어져 있다는 사실을 아는가? 바로 판단력이다. 판단하는 힘은 하늘이 모든 이에게 동등하게 부여한 것이며, 우열이 없다. 그런즉 '나는 판단력이 없어.'라는 판단은 그 자체로 모순이다. 이 점을 당신도 알았으면 한다.

116

철학으로
우리의 시야는 넓어진다

우리의 판단력은 언제 어디서나 시험받는다. 공원, 방, 침대, 화장실 등 모든 장소에서 판단력은 시험에 든다. 한편 승마, 보트 타기, 음악, 춤, 사냥 등 우리가 하는 모든 행위는 우리의 판단력을 단련시킨다.

혼자 있건 누군가와 함께 있건, 아침이건 저녁이건 우리는 끊임없이 판단을 내린다. 그리고 타인과의 교류는 판단력을 기르는 데 큰 도움이 된다. 지나가는 행인은 물론 모든 사람이 배움을 구할 대상이 된다. 타인의 장점뿐 아니라 어리석음과 나약함에서도 배울 것이 있다.

우리가 타고난 시야는 좁디좁다. 그렇기에 판단력을 기르는 데 철학이 필요하다. 철학은 모든 것을 연결한다. 순간과 순간, 모든 행동이 관계 맺고 있음을 깨닫게 한다. 그로써 우리의 시야는 넓어진다.

117
다수가 믿는다는 것이
진리의 시금석이 될 수는 없다

당신은 스스로 믿지 않는 것을 믿을 수 있는가? 나는 내가 믿지 않는 것은, 믿지 않는다.

'수백 명이 믿는 사실', '수십 년 동안 믿어 온 것' 이러한 말로 설득하려 해도 소용없다. 다수가 믿는다는 것이 진리의 시금석이 될 수는 없다.

118
습관은
우리를 지배한다

어느 마을에 사는 여인의 이야기다. 여인은 송아지가 태어날 때부터 품에 안고 애지중지 키웠다. 그 후에도 그녀는 변함없는 태도로 송아지를 돌보았다. 시간이 흘러 송아지가 성체가 되어 여인보다 몸집이 몇 배나 불었음에도 그녀는 여전히 소를 끌어안고 애지중지했다. 이 여인의 행동을 어떻게 생각하는가?

이는 그저 한 개인의 사례가 아니다. 때로 습관은 우리의 자유로운 선택을 가로막는 폭군이 된다. 조금씩, 우리가 의식하지 못하는 사이에 은밀하게 권위의 발판을 다진다. 우리가 자각했을 때는 이미 우리를 무자비하게 지배하는 폭군이 되어 있다. 이렇게 우리는 그에 대항할 수 없게 된다.

119
겸허하게
발언하라

"그럴 리 없어." 이런 발언은 가급적 조심하는 것이 좋겠다. 어리석음의 극치를 스스로 드러내는 꼴이 되기 때문이다.

우리 인간은 자연의 무한한 힘에 진심 어린 경외심을 가져야 한다. 자연의 힘은 우리의 생명 그 자체다. 그것에 관해 우리는 한없이 무지하다는 사실을 분명히 인지하면서 행동하고 판단해야 한다.

그럴 리 없다는 단정은 인간의 이해력 안에 자연의 힘을 끼워 맞추려는 억지이며 오만이다. 자신의 무지를 알지 못하는 어리석음이다. 우리가 '볼 수 있는' 것은 한정되어 있다. 이러한 겸허함을 당신은 가지고 있는가?

120
웅변을
숭배하지 마라

변론에 능란한 어느 학자가 말했다. "내 직업은 작은 일을 크게 보여 주고 심각하게 여기도록 하는 것이오." 이것이 바로 변론이다. 말장난에 속지 마라.

혹자는 기교 있게 꾸민 말을 가리켜 여성들의 화장에 빗대지만, 이는 잘못된 비유다. 설령 화장이 본모습을 가린다 해도, 적어도 나는 그것이 전혀 불쾌하지 않다.

그러나 한껏 꾸민 말은 우리의 눈이 아닌 판단력을 현혹한다. 우리의 판단력을 속인다는 것은 사물의 본질을 왜곡하고 부패시키는 것이다. 웅변을 숭배하지 마라. 당신은 그보다 더욱 가치 있는 힘을 갖추고 있으니까.

121
반대 의견을
환영하자

사람은 각자 나름의 판단을 한다. 그 판단이 서로 다른 것은 당연하다. 허술한 판단도 있고, 독선적인 판단도 있으며 미신에 의존해 내리는 판단도 있다. 그런 판단에 일일이 반응하고 분개한들 달라지는 것은 없다. 그저 그런 것이라고 흘려보내자.

한편 우리의 정신을 일깨우는 판단도 있다. 그것은 우리와 반대되는 판단이다. 이러한 판단은 우리의 정신을 단련시킨다. 많은 사람이 자신과 반대되는 의견에 발톱을 세우고 방어적인 태도를 보인다. 그러나 나는 두 팔 벌려 환영한다.

내 생각과 반대되는 의견은 나를 새롭게 일깨운다. 당신도 당신의 정신을 일깨워 주는 이에게 먼저 다가가 봄은 어떠한가.

122
미지에 대해서는
겸손하라

당신이 무수히 많은 것을 알고 있고, 설령 그것이 진실이라고 해도 미지와 비교하면 아무것도 아님에 불과하다. 인간이 가진 최고의 지식조차 미지 앞에서는 아주 초라하고 편협할 뿐이다. 아무리 훌륭한 국가도, 아무리 위대한 발명도 매한가지다.

무언가를 알게 될 때마다 우리는 그것을 가리켜 기적이라거나 기이한 일이라 말하며 놀라워한다. 하지만 자연에 기적이나 기이한 것은 없다. 단지 우리의 지력 안에서 사고하기에 그리 보일 뿐이다.

우리는 배우고, 알고, 선택해 나가야 한다. 섣부른 결론을 내리지 않기를 나는 간절히 기원한다. 미지의 세계를 향해 겸손히 고개를 숙이자.

VI

배움에 관하여

MICHEL DE MONTAIGNE

배움은 마음의 시력을 교정하는 일이다.

발에 맞지 않는 신발을 신은 사람이 잘 맞는 신발을 고르게 돕는 것.

그것이 진정한 배움이다.

. . .

123
무지를
소중히 하라

나는 왜 여기 있는가. 앞으로 어디를 향해 갈 것인가. 이 물음에 대한 답은 나뿐 아니라 누구나 알고 싶어 하는 것일 테다.

하지만 중대한 사실이 여기 있다. 알 수 없는 것은 알 수 없다는 것. 우리가 알 수 있는 사실은 극히 일부에 불과하며 피상적인 것뿐이다. 삶의 근본에 다가갈수록 우리는 점점 더 알 수 없게 된다. 우리는 무지할 수밖에 없는 것이다.

그렇기에 앎이 아니라 무지에 의지해야 한다. 알은체하는 것은 부적절하고 불필요하다. 우리는 원인과 결과를 모른 채로 인생을 성실히 살아갈 수밖에 없다.

당신도, 나도 무지함을 새기며 살아가자. 지식에만 의존하지 않고 걸어가려는 당신이기에 자신의 길이 바로 지금, 여기 있음을 깨닫게 될 것이다.

124
배운다는 것은
마음을 닦는 것이다

혹시 공부가 당신에게 짐이 되고 있는가? 만약 그렇다면 빌려온 지식 탓에 당신의 마음이 옴짝달싹 못 하고 숨이 막힌다는 증거다. 마치 빌린 갑옷에 온몸이, 손끝까지 빈틈없이 갇혀 있는 것과 같다.

그런 배움이 즐거울 리 없지 않은가. 당신의 마음이 닦이고 더 나은 상태로 변화하지 않는다면 그런 지식은 차라리 버리는 게 낫다.

배움은 마음의 시력을 교정하는 일이다. 발에 맞지 않는 신발을 신은 사람이 잘 맞는 신발을 고르게 돕는 것. 그것이 진정한 배움이다. 배움은 다리의 수를 늘리는 게 아니라, 우리가 똑바로 걸을 수 있도록 바로잡아 주는 것이다.

125
공부는 자신을 점검하고
연구하기 위한 것이다

당신은 무엇을 위해 공부하는가? 나는 『에세』를 쓰기 위해 공부하지는 않았다. 오히려 『에세』를 쓰면서 공부하게 되었다. 고대 그리스와 로마 철학자들의 머리와 발을 만져 보고, 꼬집어 보기도 하며 그들의 반응을 살피었다. 의견을 만들기 위함이 아니라, 내 의견을 보조하고 지원하며 발전시키기 위해서였다.

무언가를 달성하기 위해 공부하는 게 아니다. 고전도, 수학도, 역사도 자신을 점검하고 성찰하고 연구하기 위해 존재한다.

126
진위보다
무지를 조심하라

우리는 무언가를 참 쉽게 믿는 존재다. 자신을 포함해 인간이란 무지하고 단순하다는 사실을 익히 경험했을 것이다.

당신은 진짜와 가짜를 구분할 수 있는가? 만약 그렇게 생각한다면 조심하라. 자신은 무지하지 않으며, 진위를 판별할 수 있다고 믿는 사람일수록 믿음이라는 함정에 빠지기 쉽다. 진실처럼 보이는 것을 맹신하고, 진실처럼 보이지 않는 것을 거짓으로 단정하며 경멸한다. 이것이 인간의 오만이다.

자연이 행하는 놀라운 일은 우리의 이해를 뛰어넘는다. 우리는 그러한 자연의 작용에 경의를 표해야 한다. 경계해야 할 것은 진위가 아니라, 우리의 무지함이다.

127
탐구에는
끝이 없다

당신은 지금 탐구하고 있는가? 탐구에는 끝이 없다. 늙거나 젊거나, 나이와 상관없이 모두가 계속해서 탐구한다. 위대한 선인들이 아무도 뛰어넘을 수 없을 것 같은 고귀한 지혜를 찾아낸 듯이 보여도 그건 착각일 뿐이다. 어떤 지식이든 반드시 그 너머가 있다.

당신은 무엇에 놀라는가? 무엇에 기뻐하는가? 탐구는 놀라움과 기쁨을 양분으로 삼는다. 자, 당신의 탐구는 이미 시작되었다. 탐구에는 형식도 없고 한계도 없다. 우리의 정신은 주눅 들지 않고, 불규칙하며, 아무 목적 없이 영속적으로 탐구한다.

우리는 자신의 탐구심을 그저 해방시켜 주면 된다. 그러면 탐구의 정신은 서로 호응하며 활기를 불어넣을 것이다.

128
철학은
삶의 기쁨을 전해야 한다

철학을 하는 것은 죽음을 준비하는 것과 다름없다고 로마의 철학자는 말했다. 모든 지혜, 모든 사색은 죽음을 배우고 죽음을 흉내 내는 과정과 유사하며, 그를 통해 죽음에 대한 두려움을 떨쳐 버릴 수 있다는 것이다.

물론 그럴 수도 있겠지만, 내가 보기에 그는 반농담조로 철학을 말한 듯하다. 당신은 어떤가? 그런 목표에 적극적으로 동참할 수 있겠는가?

중요한 부분이 빠져 있다. 죽음을 두려워하지 않게 된다고 해도 그것이 삶으로 이어지지 않으면 의미가 없다. 우리는 평온하게, 그리고 유연하게 살아갈 수 있어야 한다. 무엇보다도 철학은 삶의 기쁨을 전하는 것이어야 한다.

129
여행은
배움의 장이다

나는 여행을 즐긴다. 그런 나에게 왜 여행을 다니느냐고 묻는 이들이 있다. 나는 이렇게 대답한다. "여행에서 찾고자 하는 무언가가 있는 것은 아니다. 그저 여행이 좋을 뿐이다."

나에게 여행은 배움의 장이자 정신 수련의 장이다. 학교나 수련원 같은 특별한 장소는 필요치 않다. 정신은 미지의 대상을 접하면서 끊임없이 단련된다. 다양한 사고와 삶, 인간성의 끊임없는 변화와 만나는 것, 이보다 더 좋은 교육은 없을 것이다.

130
나 자신이
철학의 주제다

당신이 생각하는 철학적인 주제란 무엇인가? 인간인가? 국가 혹은 자유인가? 아니면 사랑인가?

나에게 철학적인 주제란 형이상학적 것도, 형이하학적 것도 아니다. 오직 나 자신이다. 즉, 나는 나 자신을 주제로 나만의 철학을 한다.

철학자들은 우리를 법칙이나 원리로 되돌아가게 한다. 이는 전적으로 옳은 일이다. 다만 그러한 법칙과 원리는 우리가 스스로 철학하기 위한 자양분일 뿐이다.

131
철학이란 자신의 무지함을 깨닫는 것이다

하나의 지식을 통해 당신이 얻는 것은 무엇일까? 물론 지식은 여러 가지 이익을 가져다줄 수 있을 것이다. 지위나 재산으로도 이어질 수 있다.

하지만 그런 이익은 발끝에도 미치지 못할 만큼 훨씬 더 큰 '이로움'이 있다. 나에게 있어 최고의 '이로움'은 나 자신을 아는 것이다. 무지할 수밖에 없는 나 자신을 깨닫는 것이다.

나의 지성은 완벽과는 거리가 멀다. 나의 이해력도 종종 나를 배신한다. 내가 걸려 넘어진 이 돌은 바로 나 자신이다. 철학을 통해 나는 이런 사실을 배운다. 나의 걸음걸이가 얼마나 불안정하고 위태로운지를 가르쳐 주는 만남이다.

당신은 자신의 어리석은 행동을 깨달았는가? 그것은 훌륭한 일이다. 다만 그게 다가 아니다. 철학을 계속하자. 당신의 지성이 깊어지고 이해력이 높아질수록 자신이 얼마나 무지한 존재인가를 알게 될 것이다.

132
철학에는
실천이 필요하다

      이론과 실천은 둘 다 필수 불가결한 것이다. 하지만 아무래도 교육 현장에서는 이론에만 시간을 쏟는 듯하다. 실제 경험이 없는 이론은 우리를 행동으로 이끌지 못한다. 실천을 게을리하면 막상 행동해야 할 때 움직일 수 없게 된다. 수영하는 법을 설명할 수 있는 사람이 꼭 수영을 잘할까? 수영하는 법을 이해했다고 해서 실제로 헤엄칠 수 있을까?

철학자들 중에서도 더할 나위 없이 '이상적인 상태'에 도달하고자 했던 사람들은 스스로 혹독한 시련을 감행했다. 혼자 숨어서 기다리는 것만으로 만족하지 않았다. 그들은 경험 없이 이론만 가지고 '전투'에 나가 쓸모없는 존재가 됨을 두려워했다.

133
철학의
가장 큰 효용

내가 가장 중요하게 여기는 것은 나를 '무無'로 만드는 것이다. 나는 여기에 철학의 가장 큰 효용이 있다고 생각한다. 우리는 철학함으로써 자신에게 판단력이 '없음'을 알 수 있다. 또한 힘이 '없음'을 알 수 있고, 그저 '무지'한 존재에 불과함을 깨닫는다.

가장 잘못된 생각은 자신이 가지지 않은 것을 가졌다고 여기거나, 자신이 가진 것을 지나치게 훌륭하다고 여기는 것이다. 뭐, 그 같은 시절도 있기 마련이겠지만.

그래서 나는 더욱 철학하기를 권한다. 이는 우리가 본래 가지고 있는 성실함과 감사함을 갈고 닦으며 지켜 나가기 위함이다. 자신의 한계를 인식하고 그러한 사고를 유지하는 것이야말로 철학이 하는 가장 뛰어난 일이므로.

134
철학은 하늘에서
내려다보는 것이 아니다

"철학을 하면 전체를 내려다볼 수 있다." 이렇게 말하는 사람이 있는데, 완전히 잘못된 생각이다. 마치 하늘의 별에 올라앉아 내려다보듯이 인간을 연구하는 학자들도 있는 모양인데, 참으로 불쾌한 일이다.

인간, 즉 우리 자신을 주제로 삼으면 그 속에 미로처럼 복잡한 문제가 얽혀 있음을 알게 된다. 확실한 지혜로 통제되는 체계에도 수많은 불확실한 문제가 있다는 사실도 깨달을 것이다. 공중에 뜬 채로는 인간과 닿을 수 없는 것이 당연하다. 인간은 이 지상에 있다. 우리 눈앞에 끊임없이 존재하며 우리 안에 있는 자기 본연의 모습, 이것이야말로 중요하다.

당신도 철학을 해 보자. 그럼으로써 인간을 움직이는 내면의 용수철을 그려내고 이해하는 방법을 배워 보자. 너무 높은 곳에서 사물을 내려다보는 태도는 도리어 재앙이 된다.

135

높은 곳을
목표로 하지 마라

당신은 철학을 통해서 품위나 지위가 높아진다고 생각하는가? 그것은 위험한 생각이다. 높은 곳만 추구하는 태도는 우리를 종종 함정에 빠뜨린다.

철학은 계단의 가장 낮은 곳에 확실한 것이 있음을 가르쳐준다. 그곳에는 일관성이 자리 잡고 있다. 뾰족한 탑의 꼭대기에 자리를 잡고 안착하기란 애당초 불가능한 일이다.

그렇다. 가장 고귀한 사람들은 가장 낮은 계층에 있는 사람들이다. 그 고귀한 사람들은 단순함이라는 규칙을 성실히 지키며, 바르게 어울린다. 나는 농부들의 말과 행동이 철학자들의 그것보다 진정한 의미의 철학에 더 부합한다고 생각한다.

일관성에 기반을 두자. 가장 낮은 곳은 자신의 전부를 맡길 수 있는 곳이다.

136
사물의
진정한 가치

당신에게 가치 있는 것은 무엇일까? 나는 인간이 부여하는 가치의 기준이 매우 의심스럽다. 우리는 사물 자체가 갖는 가치가 아니라, 우리가 그것에 붙이는 값에 휘둘린다. 사물의 품질이나 유용성보다는 그것을 획득하기 위해 들인 노력 여하에 따라 가치를 매기는 경향이 있다. 다시 말해 사물이 제공하는 이점이 아닌, 우리가 사물에 부여한 가치를 더 중시한다.

참으로 이상한 일이 아닐 수 없다. 물건의 가치를 따져 값을 치르는 것이 아니라, 치르는 값이 물건의 가치를 결정하니까 말이다.

137

쌓아 두지 말고
양분으로 삼아라

지식을 쌓음으로써 학자가 될 수 있을지는 모르나, 현명한 사람은 될 수 없다. 지식은 결국 빌려 온 것에 지나지 않기 때문이다.

그렇다면 공부할 필요가 없다는 말일까? 그렇지는 않다. 위대한 인물은 모두 학업에 열중했다. 단, 지식만을 머리를 가득 채운 학자와는 차이가 있다. 그들은 지식을 자양분으로 삼아 자기 내면의 힘을 키웠다는 점이다.

소화되지도 않는 음식을 당신은 먹겠는가? 소화되지 않고 피와 살이 되지 않는 음식이 어떤 쓸모가 있을까? 답은 명확하다.

138
배움은 정신의 활동을
강화하기 위함이다

물을 지나치게 많이 주면 식물은 시든다. 램프는 기름이 너무 많으면 꺼져 버린다. 이와 마찬가지로 지식이 과도하면 정신이 활동을 멈출 수 있다.

그리하여 많은 사람이 학자들을 비웃곤 한다. "그들이 하는 일은 누구에게도 모범이 되지 않고, 실용성과 동떨어진 것들 뿐이다. 책임을 다할 힘도 없으면서 고상한 말로 우리의 생활을 들먹이며 떠들고 자만한다." 물론 그런 학자들도 있음을 나도 안다. 그러나 그것은 배우는 방식이 잘못되었기 때문이지 지식 자체가 나빠서가 아니다. 학식뿐 아니라 행동까지도 훌륭한 학자들이 있다.

정신의 활동은 배움을 통해 더욱 확장된다. 뛰어난 장군이나 정치가들은 결단력과 행동력도 일류였지만, 항시 배움을 게을리하지 않았다. 유능한 인물은 끊임없이 배우며 이를 통해 판단력과 품격을 키운다.

139
외우기보다
생각하게 한다

교육자로서 적합한 사람은 지식으로 머리를 꽉 채운 사람이 아니라, 머릿속에 지식을 조화롭게 정돈한 사람이다. 훌륭한 교육자는 이리 말할 것이다. "암기해서 기억한 지식은 제대로 아는 것이 아니다. 안다는 것은 지식을 자유자재로 활용할 수 있는 것이다."

그러한 교육자는 자신이 먼저 말을 쏟아내기보다는, 학생의 말을 듣는다. 학생들이 천천히 음미하고, 스스로 판단해 선택하도록 돕는다. 지식이나 암기한 내용이 아니라 자신의 삶을 바탕 삼아 가르친다.

플라톤은 굳은 심지와 신념, 성실함을 기르는 것이 진정한 배움이며, 그 외의 것을 목적으로 하는 것은 허울뿐인 장식에 불과하다고 말했다. 배움은 사회적 이익을 위해서가 아니라 자신을 위해 행하는 것이다. 자신을 풍요롭게 하기 위해서, 스스로 판단하고 선택할 수 있도록 성장하기 위함이다.

140
철학은 우리에게
생기를 불어넣는다

철학을 하면서 혹시 얼굴을 찌푸리고 있다면, 당신은 철학의 본질을 오해하는 것이다. 만약 철학을 하면서 창백하고 숨 막히는 듯한 얼굴을 한다면, 철학과 잘못된 관계를 맺고 있는 것이다.

철학은 본래 활기와 기쁨으로 가득 찬 것이다. 우리의 정신에 생기를 불어넣고, 청명한 마음을 품게 한다. 철학이 깃든 정신은 그 건실함으로 육체도 건강하게 만든다. 철학이 깃든 정신은 평온함과 안락함으로 빛을 발한다.

141
배워야 할 것은
지식이 아니다

혹시 당신은 책을 잔뜩 짊어진 당나귀가 되고 있지는 않은가? 자연은 당신과 나 모두에게 배움의 욕구를 동등하게 주었다. 그러나 책을 짊어진 당나귀와 다름없어진다면, 배움에의 욕구는 점점 사라질 것이다.

주머니에 학문을 잔뜩 욱여넣어서는 안 된다. 아느냐 모르느냐는 문제가 되지 않는다. 배워야 할 것은 지식이 아니다.

'안다는 것은 무엇인가?'

'용기, 절제, 정의란 무엇인가?'

'죽음이나 고통을 어느 정도까지 두려워해야 하는가?'

배움으로써 이런 것들을 통찰할 수 있어야 한다.

142
복잡하고 난해한 철학은 버리자

복잡하고 난해한 철학은 버리자. 단순한 것을 선택하자. 철학은 외우는 것이 아니다. 철학을 올바르게 다룰 수 있어야 한다.

사람을 가리는 철학은 우리를 병들게 할 것이다.

밤을 새워 절제에 관해 공부하는 사람이 과연 절제하고 있다고 말할 수 있을까?

아리스토텔레스는 제자들을 가르침에 있어서 기교적인 논리를 구사하지 않았다. 용기와 관대함, 절제를 몸소 실천하며 시간을 들여 그들을 이끌었다. 철학은 단순할수록 좋다.

143
강인하게 살고자 한다면
자연을 본받으라

'허리에 띠 하나만 두르고 벌거숭이 맨발로 살면서 창으로 사냥하는 사람들'을 어떻게 생각하는가? 그들을 야만인이라고 부를 것인가? 혹여 그렇게 생각한다면 한 가지 조언을 해 주고 싶다. 그런 당신의 생각이야말로 야만적이다.

사람들은 자기네 관습과 다른 것을 야만이라고 부르는 경향이 있다. 우리의 관습은 자연의 것을 인공적으로 변형한 것이다. 인위적으로 개량된 과일처럼 부패하기 쉬우며 힘이 약하다.

자연의 열매는 순수하고 생기 넘치며 강하다. 그것은 야만이 아니라 야생이라 할 수 있다. 그리고 아름답고 위대하다. 강인하게 살고 싶은가. 그렇다면 인공이 아닌 자연을 본받으라.

144
독인지 약인지
분별해야 한다

지식은 주의 깊게 살핀 후 받아들여야 한다. 시장에서 구입한 음식은 그릇에 담아 보관할 수 있다. 그러나 지식이란 것은 사는 순간 바로 삼켜 버리게 된다.

음식은 먹기 전에 그 효능이나 가치를 찾아볼 수 있고, 섭취 시간도 스스로 결정할 수 있다. 반면에 지식은 우리의 영혼에 즉각적으로 들어와 버린다. 그래서 지식을 얻은 순간 이미 그것으로 병들지, 더 건강해질지가 결정된다.

지식 중에는 우리에게 도움이 되지 않는 것도 있다. 겉보기에는 약으로 보이지만, 독이 되는 것도 있다. 그렇기에 취하기 전에 제대로 된 안목으로 분별해야 한다. 지식도 재산이나 지위와 마찬가지로 덧없는 것이지만, 값비싼 물건을 사는 것보다 더 큰 대가를 치르게 될 수도 있다.

145
겸손함은
철학의 기초다

우리는 무지할 수밖에 없다. 다만 그렇다고 해서 우리에게 반론이 허용되지 않는 것은 아니다. 반론할 수 없는 것은 믿어야 하는 것도 결코 아니다.

무지란 이런 것이다. 당신이 가장 확실하다고 생각하는 지식으로 판단할 때도 '내가 보기에는 그렇다.'라는 정도로 결론을 내리자. 아무리 사실처럼 보여도 그것이 절대적으로 옳다고 단정 짓지 말자. 우리 인간에게는 '아마도', '어느 정도는', '약간은' 같은 표현이 가장 적합하고 생각한다.

예순이 넘어서도 학생처럼 배움의 자세를 유지하는 것은 무척 바람직한 일이다. 놀라움과 겸손은 철학하는 정신의 기초가 된다. 탐구하는 것이 철학의 여정이며, 무지는 철학의 종착점이다. 당신도 분명 여기에 도달할 수 있을 것이다.

VII

덧없음에 관하여

MICHEL DE MONTAIGNE

행복은 현실이다. 실체가 있기에 행복하다.
왜 무탈함이나 생명, 건강 같은 실체적인 행복을 버리려 하는가.
왜 아무 실체도 없는 공허한 그림자를 추구하려 하는가.

. . .

146
세상 모든 것은
덧없다

'좋은 순간은 오래가지 않는다'며 한탄한 적이 있는가? 혹은 '이 기쁨이 영원했으면 좋겠다'고 기도한 적이 있는가? 그렇다면 당신은 인생의 덧없음을 잘 알고 있을 테다.

사실 이 세상에 덧없지 않은 것이 있을까? 꽃이 지듯이 위대한 업적도 언젠가는 사라지기 마련이다. 교훈이나 지식에도 유효 기간이 있다.

'인생은 덧없다'는 말은 곧 '인생은 끊임없이 움직이는 것'이라는 뜻이다. 우리의 행동은 불완전하고 불규칙하지만, 우리는 계속해서 움직이고, 변화하며, 성장한다. 이것으로 충분하다.

나는 덧없음을 믿는다. 나는 나의 식대로 당신은 당신의 식대로 덧없음에 순응하자.

147
어쩔 수 없는 일을
어찌하려 하지 않는다

폭풍은 느닷없이 우리를 덮쳐 온다. 그것은 자연의 섭리다. 도망치는 것도 소용없을 때가 있다. 그 속에서 당신은 어떻게 서 있을 것인가?

강풍에 흔들리는 나무들은 자신의 무게로 버틸 수밖에 없다. 쓰러지는 나무도 있고 쓰러지지 않는 나무도 있다.

우리 정신도 마찬가지다. 어쩔 수 없는 일을 억지로 어찌하려고 하지 말자. 흔들려도 허둥대지 않고 자신의 무게로 꿋꿋이 서 있으면 된다.

148
덧없음에서
위안을 얻다

     그게 무엇이든 오래 지속된다고 좋은 것은 결코 아니다. 유흥도 그렇고, 식사도 그렇다. 인생 역시 길수록 좋다고 말할 수는 없다. 모든 일에는 적절한 시기와 물러나야 할 때가 있다. 혹시 당신은 그것이 불만스러운가?

나는 덧없음을 멀리하지 않고 항상 가까이 두어 편안하게 받아들이려 노력한다. 이제 나는 덧없음에서 불안이나 두려움을 느끼지 않고 오히려 위안을 얻게 되었다.

149
자연에
맡겨라

　　병病이 단지 고통스럽기만 한 것은 아니다. 사물의 이치를 가르쳐 주는 본보기가 되기도 한다.

당신은 병에 걸리면 어떻게 할 것인가? 병도 우리처럼 수명을 가지고 태어난다. 그 수명을 억지로 줄이려 하면 병을 진정시키기는커녕 오히려 자극하는 결과를 초래할 수 있다.

나는 의학보다 자연의 작용을 믿는다. 그래서 나는 기다린다. 아무리 고약한 병에 걸리더라도 그것이 자연스럽게 쇠약해지기를 차분히 기다리기로 했다.

자연은 우리가 이해하는 것 이상으로 '일하는 방식'을 잘 알고 있다. 우리는 자연이 하는 일을 조용히 받아들이면 된다. 그리고 그 방식은 우리 자신에게도 해당한다. 우리는 성장하고 열정적으로 활동하지만, 언젠가는 늙고 쇠약해지며, 죽음을 맞이한다.

150
덧없음은
나쁜 것이 아니다

　　당신에게 인간이란 어떤 존재인가? 어느 철학자는 인간을 공허하고 우스꽝스러운 존재라고 생각했다. 다른 철학자는 인간이 어리석은 존재라며 조소했다. 또 다른 철학자는 인간이라는 존재에 연민을 느끼고 끊임없이 눈물을 흘렸다. 당신도 당신만의 인간관을 가지고 있을 것이다. 그것으로 충분하다.

나는 인간이 덧없는 존재라고 생각한다. 인간은 완전히 공허할 정도로 불행하지도 않고, 완전히 어리석을 정도로 모자라지도 않으며, 동정만 받을 만큼 비참하지도 않다. 덧없다는 것은 유머러스하며 유쾌하기도 한 것이다.

151
인간이란
무상한 존재다

'너 자신을 알라.' 이 가르침으로 소크라테스는 유일무이한 현자가 되었다. 그는 인간이란 어떤 존재인지 꿰뚫어 보았던 것이다.

인간이란 무상한 존재다. 나에게 어떤 장점이 있든, 그 옆에는 단점이 함께한다. 장점이 단점으로 바뀌는 순간도 있다. 영리한 사람은 교활해지기도 한다. 빠른 발도 쓰임새에 따라 좋게 쓰일 수도, 나쁘게 쓰일 수도 있다. 불변의 가치를 지니는 것은 없다. 인간의 본질을 관찰하고 그 허무함을 마음에 새긴 사람은 언제나 겸손할 수 있다.

152
마음에 무리한 요구를
하지 않는다

'유산 상속인의 눈물은 가면 뒤의 웃음이다.' 어느 이야기에서 본 대사다. 정말 그럴지도 모르겠다.

우리의 행위 대부분은 가면과 허식으로 포장되어 있지 않을까 싶다. 내 자신이 그러하며, 아마 당신도 그럴 것이다.

다만 우리 마음이 다양한 감정에 의해 움직이고 있다는 사실을 잊어서는 안 된다. 우리 마음속에 하나의 감정이 절대적으로 우세한 경우는 없다.

울 것을 종용받아도 울지 못할 때가 있다. 그래도 괜찮다. 정말 울고 싶을 때는 울 수 있을 테니까. 마음은 변덕스러운 것이다. 마음에 무리한 요구를 하지 말자.

153
명성은
실체가 없다

　　세상은 망상으로 가득 차 있다. 그중에서도 가장 골치
아픈 망상은 명성에 대한 집착이다. 이 망상은 아무리 현명한
사람이라도 끝내 벗어날 수 없을 정도로 집요하다.

명성은 듣기 좋은 목소리로 우리를 현혹하지만, 그 명성이란
사실 그림자 같은 것에 불과하다. 행복은 현실이다. 실체가
있기에 행복하다. 왜 무탈함이나 생명, 건강 같은 실체적인
행복을 버리려 하는가?

당신은 어떤가. 아무런 실체도 없는 공허한 그림자를 추구하
고 싶은가.

154
죄의 무게를
혼동하지 마라

밭에서 작물을 훔친 죄와 신전에서 신상을 훔친 죄는 같을까? 남자를 때린 것과 여자를 때린 것을 같은 죄라고 할 수 있을까? 때리는 행위와 찌르는 행위는 같은 잘못일까? 세상에는 똑같은 것이 하나도 없다. 언뜻 비슷해 보여도 차이는 분명히 존재한다. '죄'라는 단순한 말 한마디로 묶여 있을지라도 죄의 경중을 혼동하는 것은 위험한 일이다.

소크라테스는 말했다. "지혜의 임무는 선과 악을 구별하는 것이다." 우리도 그 말을 본받아 이렇게 말해 볼 수 있겠다. "지혜의 임무는 불의의 정도를 구별하는 것이다."

155

누구도 죽음이라는
운명에서 벗어날 수 없다

아무리 현명한 사람도, 아무리 위대한 인물도 어차피 한 명의 인간에 불과하다. 이보다 더 무상한 것이 있을까? 아무리 크고 깊은 지혜를 가졌더라도 인간인 이상 정해진 것을 거스를 수는 없다.

당신도 주먹이 날아오면 본능적으로 눈을 감지 않겠는가? 현자도 마찬가지다. 그들도 긴장하면 땀이 나고 혀가 꼬이며 목소리가 흔들린다. 벼랑 끝에 서면 누구라도 떨지 않을 수 없다.

자연은 이렇게 위대한 힘의 작은 흔적을 남겨둔 듯하다. 필멸의 운명과 무상함은 어떤 지혜로도 어찌할 수 없음을 자연은 은근히 보여 준다.

156
지혜와 의지를
과신하지 말자

　　행운은 당신에게 큰 힘이 된다. 그런데 알고 있는가?
불운 또한 당신에게 최고의 힘이 될 수 있다는 것을.
인간의 지혜가 운명의 역할을 할 수 있다고 생각하는 것은 우
리가 무지하기 때문이다. 지혜도, 의지도 대개 우연에 좌우
된다. 인간이 가장 의지하는 이성조차도 매일, 매 순간 흔들
린다. 신분이나 직업도 재능보다는 운명에 따라 주어지는 일
이 더 많다.
자신의 재능을 과신하지 말자. 결과에 어리석은 권위를 부여
하지도 말자. 그런 과신이나 권위가 없어도, 당신의 운명이 당
신에게 최고의 힘을 끊임없이 주고 있지 않은가.

157
타인에 대한 비판은
자신에게 되돌아온다

만약 지금 누군가를 비판하고 있다면 조심하는 것이 좋겠다. 사람들 사이에서 주고받는 비난의 말, 상대를 탓하는 이유나 근거는 전부 나에게 되돌아오기 때문이다. 상대방의 생각이 틀렸다며 화를 낼 때, 나의 생각 역시 틀렸다. 누군가의 불의를 비난할 때, 우리 자신도 불의를 저지른다. 다른 사람의 결함이 보인다는 것은 우리 자신에게도 그 결함이 있기에 가능하다.

158
기름 붓는 것을
멈추자

복수, 원한, 불만. 당신에게 고통을 안기는 이런 정념이 정당하다고 생각하는가? 분명 어딘가에 감정의 불씨가 있었으리라. 원인이 있기에 당신이 분노하고 원망하는 것일 테다.

그러나 그 불에 기름을 붓는 것은 바로 당신 자신임을 알아두자. 당신이 인식하는 그 원인은 스스로 만들어낸 것이며 이미 원래의 사실과는 다르다.

한 발 물러서서 생각해 보자. 그리고 불필요한 가지를 쳐내자. 그래도 부족하다면 더 뒤로 물러서 보자.

그리고 기름을 붓는 것을 멈추자.

159
이토록 이상한 책은
없을 것이다

나에게는 글을 쓸 만한 재료가 전혀 없었다. 그래서 나 자신을 주제로 삼았다. 『에세』는 이제까지의 어떤 책과도 다른 기묘한 책일 것이다. 어쩌면 유례가 없다는 점 외에는 아무런 가치가 없을지도 모른다.

'나 자신'만큼 허무한 주제는 없다. 이 주제로는 아무리 뛰어난 장인이라도 평범한 세공밖에 하지 못할 것이며, 더 가치 있는 작품을 만들 수는 없을 것이다.

다만, 나 자신을 주제로 삼으려는 시도가 일반적인 관습에서 크게 벗어난 것이기에 오히려 누구에게나 통용될 수도 있지 않을까 한다.

160
어떤 결정이 좋은 결과를
가져올지 알 수 없다

발아래 엎드려 눈물로 자비를 구함으로써 목숨을 건지기도 한다. 반면에 이런 애원만큼이나 유일무이한 담대함으로 상대에게 존경심을 불러일으켜 목숨을 구하기도 한다. 발밑에 몸을 던지는 상대가 비굴해 보일 수도 있지만, 그 모습에 연민의 정이 일기도 한다. 알다시피 우리 인간은 놀랍도록 공허하고, 다양하며, 끊임없이 변하는 존재다.

지금 당신은 어떤 결정을 내려야 하는가? 무엇을 앞두고 있든 그 결정은 당신 스스로 내려야 한다. 그런 다음 결과는 하늘에 맡기고 담대히 받아들일 준비를 하자.

161
직함에
현혹되지 마라

당신 주변을 둘러보라. 무슨 일을 하는지 도통 모르겠으나 이름만은 거창한 직업을 내세운 사람들이 있다. 당신도 알다시피 그럴싸한 직함은 그저 눈속임에 불과하다.

그리고 모두가 수긍할 만한 빛나는 업적을 이룬 인물들에게 주어지는 칭호가 있다. 그들은 위대한 업적을 스스로 일궈 냈지만, 칭호를 바라고 한 일이 아니다. 다른 사람들이 그 업적에 명예로운 칭호를 붙이고자 했을 뿐이다.

반면에 그런 칭호를 탐하며, 그것을 이용하려는 자들도 있다. 그들은 권위를 등에 업고 싶어 하는 오만하고 가련한 인물이다.

162
영원도
느린 변화일 뿐이다

누군가는 에베레스트산을 보며 영원히 변하지 않는다
고 생각할지 모른다. 이집트의 피라미드도 처음 만들어진 당
시는 언제까지고 변하지 않을 거라 사람들은 믿었으리라.

만약 세상에 영원이 있다면, '영원이란 변화하는 것'이라는
말일 것이다. 대지 또한 불변하는 듯이 보이지만 끊임없이 변
화하고 있다.

영원불변이라는 상태는 우리 인간의 짧은 시야에서 그렇게
보이는 것일 뿐 느린 변화에 지나지 않는다.

163
마음의 그릇을
깨끗이 한다

어떤 자리에서든 안절부절못하는 사람이 있다. 절대 만족하는 법이 없고, 늘 필요한 것이 부족하다며 불평한다. 인간이란 이토록 약하고 불완전한 존재다.

이에 내가 늘 다짐하는 것이 하나 있다. 내 마음은 하나의 그릇이다. 그 안에는 다양한 것들이 들어온다. 그 재료가 병들거나 썩은 것은 아니다. 마음의 그릇이 더러울 때 외부에서 들어온 것이 썩어 버린다.

들어오는 것을 배제하려고 하지 말라. 마음의 그릇을 항상 둥글고 깨끗하게 유지하는 것이 중요하다.

VIII

죽음에 관하여

MICHEL DE MONTAIGNE

중요한 것은 죽은 후가 아니라 지금 살아 있다는 사실이다.

나는 죽음이 내 삶을 배반하지 않기를 바란다.

그래서 나는 온 힘을 다해 현재를 살아간다.

· · ·

164
고통과 기쁨은
표리일체다

'고통과 기쁨은 전혀 다르다.' 당신도 이 말에 고개를 끄덕일지 모른다. 그럴 법하다. 고통스러운 순간은 빨리 벗어나고 싶고, 즐거운 시간은 더 오래 이어지기를 바라는 법이니까.

그러나 불가사의한 자연은 고통과 기쁨을 하나로 묶어 놓았음을 알고 있는가? 화가가 그린 우는 사람의 얼굴을 보자. 그 얼굴은 마치 웃는 얼굴처럼 보이기도 한다.

고통과 기쁨은 표리일체인 것이다. 단, 고통을 기쁨으로 바꾸고 싶은 나머지 그 이음매를 찾으려 해서는 안 된다. 그렇게 하면 고통과 기쁨은 영원히 단절되고, 인생은 고통으로만 가득 차게 될 것이다.

고통과 기쁨은 우리의 힘으로 어찌할 수 있는 것이 아니다. 기쁨도, 고통도 그저 받아들이자. 고통도 언젠가 반드시, 자연스레 기쁨으로 바뀔 것이다.

165
어떻게 죽는가는
중요하지 않다

어떻게 죽게 될지를 걱정하는 것은 무의미하다. 죽음에 이르는 방식은 다양하다. 각자의 삶의 방식에 따라 죽음의 의미도 달라진다. 같은 죽음이라도 나와 당신의 죽음은 다른 것이다.

쇠약해져 죽을 수도 있고, 절벽에서 떨어져 죽거나 무언가에 깔려서 죽을 수도 있다. 총에 맞아 죽기도 하고, 칼에 찔려 죽기도 한다. 중요한 것은 죽는다는 사실이지 어떻게 죽느냐가 아니다. 자신이 죽은 후의 일을 걱정하며 괴로워하는 사람도 있다. 그러나 죽고 난 뒤의 일이 '고통'을 줄 리가 없지 않은가. 죽은 후의 일은 내려놓는 편이 좋다.

중요한 것은 죽은 후가 아니라, 지금 살아 있다는 사실이다. 나는 죽음이 나의 삶을 배반하지 않기를 바란다. 그래서 나는 온 힘을 다해 현재를 살아간다.

166
우리 모두는
홀로 죽는다

홀로 죽는다는 것은 외로운 일일까? 용변을 볼 때 우리는 남의 눈을 피해 몸을 숨긴다. 잠을 잘 때도 침대에 누구와 함께 있든 혼자 잠이 들지 않던가. 죽는 것도 마찬가지다. 죽음은 부자연스러운 일이 아니다. 홀로 죽는 것도 지극히 자연스럽다.

죽는 장소는 스스로 정할 수 있는 걸까? 어디서 죽느냐는 나에게 큰 문제가 아니지만, 선택할 수 있다면 가족과 떨어진 집 밖에서, 침대가 아닌 말 위에서 죽고 싶다. 여러 사람에게 둘러싸여 죽는다면 마치 질식해 죽는 것처럼 느껴질 것 같다. 나는 잔잔하게 흘러가듯이 죽음을 맞고 싶다.

167
병듦은
자연스러운 일이다

그림에 묻은 얼룩을 지우려다 그림을 지워 버리는 사람을 어떻게 생각하는가? 얼마나 어이없는 일인가. 참으로 우매해 보일 것이다.

하지만 나는 안다. 병을 고치려다 환자가 죽기도 한다는 것을. 당신은 병에 걸리면 어떻게 할 것인가? 한 가지 사실을 기억하길 바란다. 병드는 것은 자연스러운 현상이다. 변화하는 것도, 썩는 것도 자연스러운 일이다.

정원의 나무와 우리 사이에 무슨 차이가 있겠는가? 병을 없애려다 약이 자연의 한도를 넘어서면 오히려 해가 될 수 있음을 기억하자.

168
죽을 준비가 된 만큼
살아 있음을 즐길 수 있다

사람들은 죽음으로부터 도망치는 데만 집착하는 것 같다. 당신은 어떤가? 죽는다는 사실이 고통스러운가? 나는 이미 마음을 편히 먹고 죽을 준비를 하고 있다. 죽음을 준비할 수 있게 된 것은 인간의 본질을 깨달았기 때문이다. 우리는 필멸의 존재이기에 죽는 것이지, 고통 때문에 죽는 것이 아니다.

삶을 즐기는 사람에게 죽음은 결코 불행한 일이 아니다. 죽음이 있기에 하루하루를 소중히 여기고 삶을 더욱 충실히 보낼 수 있다.

최선을 다해 살고, 죽어야 할 때 죽자. 이렇게 죽을 준비가 된 이에게는 최고의 선물이 있다. 죽을 준비가 되어 있는 만큼 삶을 더 즐길 수 있다는 것이다.

169
죽음과 마주한 채
태연하게 살아간다

고통을 두려워하는 사람은 그 두려움으로 이미 고통받는다. 죽음을 두려워하는 사람은 두려움 때문에 죽음이 고통스러워진다.

다치면 아픈 것이 당연하다. 아픔을 두려워한들 무슨 소용이 있는가? 아픔은 그저 아픈 것이고, 고통은 그저 고통스러운 것일 뿐 그 이상도, 이하도 아니다.

언제까지나 건강하고 활기차게 살고 싶은 마음은 이해한다. 그런 당신에게 이 말을 전한다. 삶은 운동 그 자체다. 죽음도 운동이며 자연의 축복이다. 활기찬 삶이란 죽음을 극복하는 것이 아니다. 죽음과 마주한 채로 태연하게 사는 것이다.

170
죽음은
중요한 임무다

죽음은 우리에게 마땅히 주어진 임무요, 가장 중요한 임무다. 세상에는 다양한 임무가 있다. 그 임무들을 수행하기 위해 우리는 여러 차례 예행연습을 하며 대비한다. 그러나 죽음을 위한 예행연습은 할 수 없다. 죽음은 오직 단 한 번만 가능하기 때문이다. 그렇다. 죽음 앞에서는 누구나 초보자다.

하지만 죽음 앞에서 우리가 무력한가 하면 그렇지는 않다. 이렇게 생각해 보면 어떨까? 죽음은 우리에게 유용한 것이다. 그러니 죽음을 인정해 버리자. 그러면 죽음과 하나가 될 수는 없더라도 죽음으로 가는 길을 오갈 수는 있을 것이다.

171
죽음은 모두에게
똑같이 찾아온다

죽음은 우리 모두에게 똑같이 찾아온다. 당신이 소심한 사람이든 비겁한 사람이든, 왕이든 평민이든 다르지 않다. 만약 죽음이 피할 수 있는 것이라면, 나는 당신에게 신중하고 또 신중해지라고 당부할 것이다. 하지만 그런 일은 일어나지 않는다. 아무리 단단히 만들어진 판금 갑옷도 죽음으로부터 당신을 지켜 주지 못한다.

그렇다면 우리는 꿋꿋하게 발을 딛고 서서 죽음이라는 것을 맞이해야 하지 않겠는가. 죽음과 정면으로 마주하자.

172
결코 불행한 일이
아님을 이해하는 것

　　죽음에 대해 확실히 말할 수 있는 것이 있다. 죽음이 어디에서 우리를 기다리고 있을지 모른다는 점이다. 언젠가 일어날 수 있는 일이란, 바로 지금 일어날 수도 있는 일이다. 우리가 언제 어디서 죽을지는 아무도 모른다.

그렇다면 우리 쪽에서 먼저 죽음을 기다려 보면 어떨까? 죽음을 직시하는 거다. 많은 이가 무용하게 죽음을 두려워한다. 그것은 죽음을 장난스레 다루는 것과 같다. 죽음과 진지하게 마주하고 죽음에 익숙해지자.

죽음과 직시한 사람은 자유롭다. 그는 예속에서 해방된 사람이다. 모든 속박에서 벗어난 자유인이란 그런 사람이다. 죽음을 직시한다는 것은 나의 목숨이 다하더라도 그것이 결코 불행한 일이 아님을 이해하는 것이다. 그것으로 삶에서 일체의 불행이 사라지리라.

173
죽음에 대한
만반의 준비

　　내가 자부하는 것이 하나 있다. 지금까지 나만큼 순수
하게 이 세상을 떠날 준비를 한 사람은 없을 거라는 점이다.
나는 언제든지 저 너머 세상으로 갈 준비가 되어 있다. 모든
면에서 이 세상에 대한 미련을 끊었다. 그렇기에 성취를 눈앞
에 둔 계획이 중단되더라도 나에게는 문제가 되지 않는다. 거
의 모든 이와도 작별 인사를 끝냈다.

다만 나 자신과는 작별할 수가 없다. 그래서 나는 죽음이 다
가왔을 때 나 자신 이외에는 걸린 문제가 없도록 마음을 정
돈하고 있다.

174
죽어서 불행해진 이는
아무도 없다

사는 것은 행복이다. 마찬가지로 죽는 것도 하나의 행복이다. 만약 자연이 우리에게 '죽음'을 주지 않았다면 어찌 되었을까? 우리는 분명 자연을 원망했을 것이다. 왜 그만 죽게 내버려 두지 않느냐며.

지금까지도 그리고 앞으로도 죽음으로 인해 불행해지는 사람은 한 명도 없을 것이다. 만약 불행한 이가 있다면 그것은 남겨진 사람이다. 다만 나에 한해서는, 나의 죽음으로 불행해질 사람은 아무도 없을 것이다.

어떤 인생이든 그 가치에 크고 작음의 차이는 없다. 당신의 인생도, 나의 인생도 그저 '살다가 죽는 것', 그뿐이다. 우리는 삶에서 도망칠 수도, 죽음을 피할 수도 없으므로.

"삶과 죽음이 다르지 않다면 왜 죽지 않는가?"라는 질문에 고대 그리스의 한 철학자는 이렇게 답했다. "살든 죽든, 아무래도 좋기 때문이다."

마치는 글

우리의 속도로 느긋하게
『에세』를 거닐다

여름 방학을 앞둔 1985년 어느 날, 나는 나고야 아사히가오카 고등학교 인근의 세이분칸 서점에 있었다. 그곳에서 내 평생의 스승 몽테뉴와 처음 만났다. 프랑스 사상 코너의 책장 앞을 무심코 서성이고 있을 때 누군가가 나를 부르는 소리가 들렸다(그렇다고 느꼈다). 바로 세계 명저 시리즈의 『몽테뉴』(아라키 쇼타로 옮김, 주오코론샤), 다름 아닌 『에세』였다.

"그들(신대륙의 원주민)은 야생이니…(중략)… 우리가 인위적으로 변질시키고 보편적인 질서에서 벗어나게 만든 것이야말로 야만이라고 불러야 하지 않을까 Ils sont sauvages de mesmes, ... : là où à la verité ce sont ceux que nous avons alterez par nostre artifice, et destournez de l'ordre commun, que nous devrions appeler plustost sauvages."

장 제목은 「식인종에 관하여」이다. 이 얼마나 시선을 끄는 제목인가. 그리고 이 한 구절이 나를 사로잡았다. 나 역시 '야만'이었다.

그 이후로 나는 몽테뉴에 매료되어 따르게 되었다. 두 번째 대학생이 되기 위해 가쿠슈인대학교에 입학했을 때 망설임 없이 선택한 전공은 프랑스 철학이었고, 재입학한 도쿄대학교에서도 프랑스 철학을 연구했다. 나는 몽테뉴의 목소리에 끊임없이 귀 기울였다.

몽테뉴와의 첫 만남으로부터 33년이 지난 어느 날, 고등학교 선배인 호시바 유미코 씨가 대표로 있는 출판사(디스커버리 트웬티원)의 편집자 후지타 히로요시 씨에게서 한 통의 이메일을 받았다.

"몽테뉴의 『에세』에서 인생의 경구를 뽑아 초역超訳하면 어떨지 구상 중입니다. 괜찮으시다면 집필해 주실 수 있을까요?"

거절할 이유가 없었던 나는 바로 수락했고 그렇게 후지타 씨와의 2인 3각이 시작되었다. 대학에서 꽤 오랫동안 몽테뉴를 연구한

나는 원전을 충실히 반영하고 싶은 마음이 컸다. 그러다 보니 난관에 부딪혔다.

'초역은 의역이 아니다. 더구나 직역도 아니다.' 무엇에 중점을 두어야 할지 고민을 거듭했다. 출판사와 여러 차례 의견을 주고받은 끝에 "오타케 씨가 현대인의 가슴에 깊이 와닿을 만한 문장으로 고쳐 쓰면 어떨까요?"라는 조언을 받았다. "연구자들로부터 일제히 비난받을 정도가 딱 좋지 않을까요?"라는 격려 아닌 격려도 있었다.

하찮은 나의 자부심은 이 중대한 임무 앞에서 무너졌다. '내가 중시해야 할 것은 원전이 아니라 현대인이다. 먼저 독자가 읽지 않으면 원전도 무용지물이다.' 초역을 통해 독자를 원전으로 이끌어야 했다. 마지막으로 후지타 씨의 다음과 같은 한마디가 초역의 방향성을 정하는 결정타가 되었다.

"몽테뉴가 오타케 씨에게 빙의했다고 생각해 보세요. 그리고 오타케 씨의 언어로 사람들에게 이야기하는 겁니다."

그렇다. 몽테뉴도 「키케로에 대한 고찰」에서 이렇게 말한 바
있다.

"나는 해설을 더하지 않은 이야기를 여기에 얼마나 많이 펼쳐 놓
았는가. 이에 조금 더 세심히 파고들어 껍질을 벗겨 보려는 사람
이라면 『에세』를 끝없이 만들어낼 수 있지 않을까. Et combien y ay-je
espandu d'histoires, qui ne disent mot, lesquelles qui voudra esplucher un peu
plus curieusement, en produira innis Essais?"

후지타 씨의 격려를 받으며 나는 스승과 마주하기를 멈추지 않
았다. 어쩌면 초역이었기에 온 마음과 열의를 다해 스승과 대화할
수 있었는지도 모르겠다.

나는 나의 스승 몽테뉴에게 얼마나 가까이 다가갔을까? 저세

상에서 그를 만나게 된다면 묻고 싶다. 당신의 뜻을 잘 이해했다고 머리를 쓰다듬어 준다면 감격의 눈물을 흘리지도 모르겠다. 만약 주제넘다고 **뺨**을 맞는다면…… 어느 쪽이든 나는 반드시 울게 되지 않을까. 만난 적도 없는 스승을 홀로 존경하며 반평생을 그의 가르침을 따라왔으니까.

종종 "『에세』를 어디서부터 읽어야 하나요?"라는 질문을 받곤 한다. 하나의 장에 여러 가지 주제를 포함하고 있으니, 길잡이가 필요할 수도 있겠다. 하지만 길잡이 없이도 읽는 것은 가능하다. 몽테뉴의 발걸음에 얽매이지 말고, 우리의 속도대로 각 장을 느긋하게 산책하면 된다.

그런 여유로운 산책이 가능한 장을 몇 가지 소개한다. 「아이들의 교육에 관하여」, 「덧없음에 관하여」, 「한쪽 다리가 불편한 사람들에 관하여」, 「외모에 관하여」. 특히 「덧없음에 관하여」는 이것만으로도 한 권의 책이 될 수 있을 만큼 깊이 있는 내용을 담고 있다.

장 제목은 옮긴이에 따라 '모든 것은 공空이다', '공허에 관하여', '헛됨에 관하여', '허무함에 관하여' 등으로도 소개된다. 이처럼 번역이 달라지는 것은 그만큼 내용이 심오하다는 방증이기도 하다.

아라키 쇼타로 선생의 『몽테뉴』로 처음 『에세』를 접한 후, 이 책을 머리맡에 두고 여러 선생이 번역한 『에세』와 몽테뉴에 관한 논문을 탐독했다. 이 책을 완성할 수 있었던 것은 다 그분들 덕분이다. 모두 나와는 비교할 수 없을 만큼 훌륭한 분들이다. 그러므로 이 책을 통해 『에세』에 흥미를 느꼈다면 원전의 완역본도 꼭 읽어 보기를 권한다.

오타케 게이

참고문헌

- 『에세』, 하라 지로 옮김, 이와나미쇼텐
- 『에세』, 미야시타 시로 옮김, 하쿠스이샤
- 『수상록』, 세키네 히데오 옮김, 신초샤·하쿠스이샤
- 『에세』, 아라키 쇼타로 옮김, 주오코론신샤
- 『몽테뉴: 잘 살고 잘 죽기 위해』, 호카리 미즈호 지음, 고단샤
- 『몽테뉴』, 오쿠보 야스아키 지음, 시미즈쇼인
- 『미셸 성관의 사람』, 홋타 요시에 지음, 슈에이샤

인용 및 번역 원전

- 『Les Essais』, Bibliothèque de la Pléiade, Gallimard, 2007

Les Essais

Michel de Montaigne

超譯
몽테뉴의 말
에 세

1판1쇄 2024년 12월 9일

지은이 미셸 드 몽테뉴
엮은이 오타케 게이
옮긴이 김지낭

발행인 김인태
발행처 삼호미디어

등록 1993년 10월 12일 제21-494호
주소 서울특별시 서초구 강남대로 545-21 거림빌딩 4층
www.samhomedia.com
전화 02-544-9456(영업부) | 02-544-9457(편집기획부)
팩스 02-512-3593

ISBN 978-89-7849-713-8 (03100)